TSJECHISCH

WOORDENSCHAT

THEMATISCHE WOORDENLIJST

NEDERLANDS
TSJECHISCH

De meest bruikbare woorden
Om uw woordenschat uit te breiden en
uw taalvaardigheid aan te scherpen

3000 woorden

Thematische woordenschat Nederlands-Tsjechisch - 3000 woorden

Door Andrey Taranov

Woordenlijsten van T&P Books zijn bedoeld om u woorden van een vreemde taal te helpen leren, onthouden, en bestudering. Dit woordenboek is ingedeeld in thema's en behandelt alle belangrijk terreinen van het dagelijkse leven, bedrijven, wetenschap, cultuur, etc.

Het proces van het leren van woorden met behulp van de op thema's gebaseerde aanpak van T&P Books biedt u de volgende voordelen:

- Correct gegroepeerde informatie is bepalend voor succes bij opeenvolgende stadia van het leren van woorden
- De beschikbaarheid van woorden die van dezelfde stam zijn maakt het mogelijk om woordgroepen te onthouden (in plaats van losse woorden)
- Kleine groepen van woorden faciliteren het proces van het aanmaken van associatieve verbindingen, die nodig zijn bij het consolideren van de woordenschat
- Het niveau van talenkennis kan worden ingeschat door het aantal geleerde woorden

T&P Books Publishing
www.tpbooks.com

ISBN: 978-1-78492-399-0

Dit boek is ook beschikbaar in e-boek formaat.
Gelieve www.tpbooks.com te bezoeken of de belangrijkste online boekwinkels.

TSJECHISCHE WOORDENSCHAT
nieuwe woorden leren

T&P Books woordenlijsten zijn bedoeld om u te helpen vreemde woorden te leren, te onthouden, en te bestuderen. De woordenschat bevat meer dan 3000 veel gebruikte woorden die thematisch geordend zijn.

- De woordenlijst bevat de meest gebruikte woorden
- Aanbevolen als aanvulling bij welke taalcursus dan ook
- Voldoet aan de behoeften van de beginnende en gevorderde student in vreemde talen
- Geschikt voor dagelijks gebruik, bestudering en zelftestactiviteiten
- Maakt het mogelijk om uw woordenschat te evalueren

Bijzondere kenmerken van de woordenschat

- De woorden zijn gerangschikt naar hun betekenis, niet volgens alfabet
- De woorden worden weergegeven in drie kolommen om bestudering en zelftesten te vergemakkelijken
- Woorden in groepen worden verdeeld in kleine blokken om het leerproces te vergemakkelijken
- De woordenschat biedt een handige en eenvoudige beschrijving van elk buitenlands woord

De woordenschat bevat 101 onderwerpen zoals:

Basisconcepten, getallen, kleuren, maanden, seizoenen, meeteenheden, kleding en accessoires, eten & voeding, restaurant, familieleden, verwanten, karakter, gevoelens, emoties, ziekten, stad, dorp, bezienswaardigheden, winkelen, geld, huis, thuis, kantoor, werken op kantoor, import & export, marketing, werk zoeken, sport, onderwijs, computer, internet, gereedschap, natuur, landen, nationaliteiten en meer ...

INHOUDSOPGAVE

UITSPRAAKGIDS

T&P fonetisch alfabet	Tsjechisch voorbeeld	Nederlands voorbeeld
[a]	lavina [lavɪna]	acht
[a:]	banán [bana:n]	aan, maart
[e]	beseda [bɛsɛda]	delen, spreken
[ɛ:]	chléb [xlɛ:p]	zwemmen, existeren
[ɪ]	Bible [bɪblɛ]	iemand, die
[i:]	chudý [xudi:]	team, portier
[o]	epocha [ɛpoxa]	overeenkomst
[o:]	diagnóza [dɪagno:za]	rood, knoop
[u]	dokument [dokumɛnt]	hoed, doe
[u:]	chůva [xu:va]	fuut, uur
[b]	babička [babɪtʃka]	hebben
[ʦ]	celnice [ʦɛlnɪʦɛ]	niets, plaats
[ʧ]	vlčák [vltʃa:k]	Tsjechië, cello
[x]	archeologie [arxɛologɪe]	licht, school
[d]	delfín [dɛlfi:n]	Dank u, honderd
[dʲ]	Holanďan [holandʲan]	paadje, haarspeldje
[f]	atmosféra [atmosfɛ:ra]	feestdag, informeren
[g]	galaxie [galaksɪe]	goal, tango
[h]	knihovna [knɪhovna]	het, herhalen
[j]	jídlo [ji:dlo]	New York, januari
[k]	zaplakat [zaplakat]	kennen, kleur
[l]	chlapec [xlapɛʦ]	delen, luchter
[m]	modelář [modɛla:rʃ]	morgen, etmaal
[n]	imunita [ɪmunɪta]	nemen, zonder
[nʲ]	báseň [ba:sɛnʲ]	cognac, nieuw
[ŋk]	vstupenka [vstupɛŋka]	slank, herdenken
[p]	poločas [polotʃas]	parallel, koper
[r]	senátor [sɛna:tor]	roepen, breken
[rʒ], [rʃ]	bouřka [bourʃka]	garage, journalist, Engels - pleasure
[s]	svoboda [svoboda]	spreken, kosten
[ʃ]	šiška [ʃɪʃka]	shampoo, machine
[t]	turista [turɪsta]	tomaat, taart
[tʲ]	poušť [pouʃtʲ]	kaartje, turkoois
[v]	veverka [vɛvɛrka]	beloven, schrijven
[z]	zapomínat [zapomi:nat]	zeven, zesde
[ʒ]	ložisko [loʒɪsko]	journalist, rouge

AFKORTINGEN
gebruikt in de woordenschat

Nederlandse afkortingen

abn	-	als bijvoeglijk naamwoord
bijv.	-	bijvoorbeeld
bn	-	bijvoeglijk naamwoord
bw	-	bijwoord
enk.	-	enkelvoud
enz.	-	enzovoort
form.	-	formele taal
inform.	-	informele taal
mann.	-	mannelijk
mil.	-	militair
mv.	-	meervoud
on.ww.	-	onovergankelijk werkwoord
ontelb.	-	ontelbaar
ov.	-	over
ov.ww.	-	overgankelijk werkwoord
telb.	-	telbaar
vn	-	voornaamwoord
vrouw.	-	vrouwelijk
vw	-	voegwoord
vz	-	voorzetsel
wisk.	-	wiskunde
ww	-	werkwoord

Nederlandse artikelen

de	-	gemeenschappelijk geslacht
de/het	-	gemeenschappelijk geslacht, onzijdig
het	-	onzijdig

Tsjechische afkortingen

ž	-	vrouwelijk zelfstandig naamwoord
ž mn	-	vrouwelijk meervoud
m	-	mannelijk zelfstandig naamwoord
m mn	-	mannelijk meervoud
m, ž	-	mannelijk, vrouwelijk

mn	-	meervoud
s	-	onzijdig
s mn	-	onzijdig meervoud

BASISBEGRIPPEN

1. Voornaamwoorden

ik	já	[ja:]
jij, je	ty	[tɪ]
hij	on	[on]
zij, ze	ona	[ona]
wij, we	my	[mɪ]
jullie	vy	[vɪ]
zij, ze (levenloos)	ony	[onɪ]
zij, ze (levend)	oni	[onɪ]

2. Begroetingen. Begroetingen

Hallo! Dag!	Dobrý den!	[dobri: dɛn]
Hallo!	Dobrý den!	[dobri: dɛn]
Goedemorgen!	Dobré jitro!	[dobrɛ: jɪtro]
Goedemiddag!	Dobrý den!	[dobri: dɛn]
Goedenavond!	Dobrý večer!	[dobri: vɛʧɛr]
gedag zeggen (groeten)	zdravit	[zdravɪt]
Hoi!	Ahoj!	[ahoj]
groeten (het)	pozdrav (m)	[pozdraf]
verwelkomen (ww)	zdravit	[zdravɪt]
Hoe gaat het?	Jak se máte?	[jak sɛ ma:tɛ]
Is er nog nieuws?	Co je nového?	[ʦo jɛ novɛ:ho]
Dag! Tot ziens!	Na shledanou!	[na sxlɛdanou]
Tot snel! Tot ziens!	Brzy na shledanou!	[brzɪ na sxlɛdanou]
Vaarwel!	Sbohem!	[zbohɛm]
afscheid nemen (ww)	loučit se	[louʧɪt sɛ]
Tot kijk!	Ahoj!	[ahoj]
Dank u!	Děkuji!	[dekujɪ]
Dank u wel!	Děkuji mnohokrát!	[dekujɪ mnohokra:t]
Graag gedaan	Prosím	[prosi:m]
Geen dank!	Nemoci se dočkat	[nɛmoʦɪ sɛ doʧkat]
Geen moeite.	Není zač	[nɛni: zaʧ]
Excuseer me, … (inform.)	Promiň!	[promɪnʲ]
Excuseer me, … (form.)	Promiňte!	[promɪnʲtɛ]
excuseren (verontschuldigen)	omlouvat	[omlouvat]
zich verontschuldigen	omlouvat se	[omlouvat sɛ]
Mijn excuses.	Má soustrast	[ma: soustrast]

Het spijt me!	Promiňte!	[promɪnˈtɛ]
vergeven (ww)	omlouvat	[omlouvat]
alsjeblieft	prosím	[prosi:m]

Vergeet het niet!	Nezapomeňte!	[nɛzapomɛnˈtɛ]
Natuurlijk!	Jistě!	[jɪste]
Natuurlijk niet!	Rozhodně ne!	[rozhodne nɛ]
Akkoord!	Souhlasím!	[souhlasi:m]
Zo is het genoeg!	Dost!	[dost]

3. Vragen

Wie?	Kdo?	[gdo]
Wat?	Co?	[ʦo]
Waar?	Kde?	[gdɛ]
Waarheen?	Kam?	[kam]
Waarvandaan?	Odkud?	[otkut]
Wanneer?	Kdy?	[gdɪ]
Waarom?	Proč?	[proʧ]
Waarom?	Proč?	[proʧ]

Waarvoor dan ook?	Na co?	[na ʦo]
Hoe?	Jak?	[jak]
Wat voor ...?	Jaký?	[jaki:]
Welk?	Který?	[ktɛri:]

Aan wie?	Komu?	[komu]
Over wie?	O kom?	[o kom]
Waarover?	O čem?	[o ʧɛm]
Met wie?	S kým?	[s ki:m]

| Hoeveel? | Kolik? | [kolɪk] |
| Van wie? (mann.) | Čí? | [ʧi:] |

4. Voorzetsels

met (bijv. ~ beleg)	s, se	[s], [sɛ]
zonder (~ accent)	bez	[bɛz]
naar (in de richting van)	do	[do]
over (praten ~)	o	[o]
voor (in tijd)	před	[prʃɛt]
voor (aan de voorkant)	před	[prʃɛt]

onder (lager dan)	pod	[pot]
boven (hoger dan)	nad	[nat]
op (bovenop)	na	[na]

| van (uit, afkomstig van) | z | [z] |
| van (gemaakt van) | z | [z] |

| over (bijv. ~ een uur) | za | [za] |
| over (over de bovenkant) | přes | [prʃɛs] |

5. Functiewoorden. Bijwoorden. Deel 1

Waar?	Kde?	[gdɛ]
hier (bw)	zde	[zdɛ]
daar (bw)	tam	[tam]
ergens (bw)	někde	[negdɛ]
nergens (bw)	nikde	[nɪgdɛ]
bij ... (in de buurt)	u ...	[u]
bij het raam	u okna	[u okna]
Waarheen?	Kam?	[kam]
hierheen (bw)	sem	[sɛm]
daarheen (bw)	tam	[tam]
hiervandaan (bw)	odsud	[otsut]
daarvandaan (bw)	odtamtud	[odtamtut]
dichtbij (bw)	blízko	[bliːsko]
ver (bw)	daleko	[dalɛko]
in de buurt (van ...)	kolem	[kolɛm]
dichtbij (bw)	poblíž	[pobliːʒ]
niet ver (bw)	nedaleko	[nɛdalɛko]
linker (bn)	levý	[lɛviː]
links (bw)	zleva	[zlɛva]
linksaf, naar links (bw)	vlevo	[vlɛvo]
rechter (bn)	pravý	[praviː]
rechts (bw)	zprava	[sprava]
rechtsaf, naar rechts (bw)	vpravo	[vpravo]
vooraan (bw)	zpředu	[sprʃɛdu]
voorste (bn)	přední	[prʃɛdniː]
vooruit (bw)	vpřed	[vprʃɛt]
achter (bw)	za	[za]
van achteren (bw)	zezadu	[zɛzadu]
achteruit (naar achteren)	zpět	[spet]
midden (het)	střed (m)	[strʃɛt]
in het midden (bw)	uprostřed	[uprostrʃɛt]
opzij (bw)	z boku	[z boku]
overal (bw)	všude	[vʃudɛ]
omheen (bw)	kolem	[kolɛm]
binnenuit (bw)	zevnitř	[zɛvnɪtrʃ]
naar ergens (bw)	někam	[nekam]
rechtdoor (bw)	přímo	[prʃiːmo]
terug (bijv. ~ komen)	zpět	[spet]
ergens vandaan (bw)	odněkud	[odnekut]
ergens vandaan (en dit geld moet ~ komen)	odněkud	[odnekut]

ten eerste (bw)	za prvé	[za prvɛ:]
ten tweede (bw)	za druhé	[za druhɛ:]
ten derde (bw)	za třetí	[za trʃeti:]

plotseling (bw)	najednou	[najɛdnou]
in het begin (bw)	zpočátku	[spotʃa:tku]
voor de eerste keer (bw)	poprvé	[poprvɛ:]
lang voor … (bw)	dávno před …	[da:vno prʃɛt]
opnieuw (bw)	znovu	[znovu]
voor eeuwig (bw)	navždy	[navʒdɪ]

nooit (bw)	nikdy	[nɪgdɪ]
weer (bw)	opět	[opet]
nu (bw)	nyní	[nɪni:]
vaak (bw)	často	[tʃasto]
toen (bw)	tehdy	[tɛhdɪ]
urgent (bw)	neodkladně	[nɛotkladne]
meestal (bw)	obyčejně	[obɪtʃɛjne]

trouwens, … (tussen haakjes)	mimochodem	[mɪmoxodɛm]
mogelijk (bw)	možná	[moʒna:]
waarschijnlijk (bw)	asi	[asɪ]
misschien (bw)	možná	[moʒna:]
trouwens (bw)	kromě toho …	[kromne toho]
daarom …	proto …	[proto]
in weerwil van …	nehledě na …	[nɛhlɛde na]
dankzij …	díky …	[di:kɪ]

wat (vn)	co	[tso]
dat (vw)	že	[ʒe]
iets (vn)	něco	[netso]
iets	něco	[netso]
niets (vn)	nic	[nɪts]

wie (~ is daar?)	kdo	[gdo]
iemand (een onbekende)	někdo	[negdo]
iemand (een bepaald persoon)	někdo	[negdo]

niemand (vn)	nikdo	[nɪgdo]
nergens (bw)	nikam	[nɪkam]
niemands (bn)	ničí	[nɪtʃi:]
iemands (bn)	něčí	[netʃi:]

zo (Ik ben ~ blij)	tak	[tak]
ook (evenals)	také	[takɛ:]
alsook (eveneens)	také	[takɛ:]

6. Functiewoorden. Bijwoorden. Deel 2

Waarom?	Proč?	[protʃ]
om een bepaalde reden	z nějakých důvodů	[z nejaki:x du:vodu:]
omdat …	protože …	[protoʒe]

14

voor een bepaald doel	z nějakých důvodů	[z nejaki:x du:vodu:]
en (vw)	a	[a]
of (vw)	nebo	[nɛbo]
maar (vw)	ale	[alɛ]
voor (vz)	pro	[pro]

te (~ veel mensen)	příliš	[prʃi:lɪʃ]
alleen (bw)	jenom	[jɛnom]
precies (bw)	přesně	[prʃɛsne]
ongeveer (~ 10 kg)	kolem	[kolɛm]

omstreeks (bw)	přibližně	[prʃɪblɪʒne]
bij benadering (bn)	přibližný	[prʃɪblɪʒni:]
bijna (bw)	skoro	[skoro]
rest (de)	zbytek (m)	[zbɪtɛk]

elk (bn)	každý	[kaʒdi:]
om het even welk	každý	[kaʒdi:]
veel (grote hoeveelheid)	mnoho	[mnoho]
veel mensen	mnozí	[mnozi:]
iedereen (alle personen)	všichni	[vʃɪxnɪ]

in ruil voor ...	výměnou za ...	[vi:mnenou za]
in ruil (bw)	místo	[mi:sto]
met de hand (bw)	ručně	[rutʃne]
onwaarschijnlijk (bw)	sotva	[sotva]

waarschijnlijk (bw)	asi	[asɪ]
met opzet (bw)	schválně	[sxva:lne]
toevallig (bw)	náhodou	[na:hodou]

zeer (bw)	velmi	[vɛlmɪ]
bijvoorbeeld (bw)	například	[naprʃi:klat]
tussen (~ twee steden)	mezi	[mɛzɪ]
tussen (te midden van)	mezi	[mɛzɪ]
zoveel (bw)	tolik	[tolɪk]
vooral (bw)	zejména	[zɛjmɛ:na]

GETALLEN. DIVERSEN

7. Kardinale getallen. Deel 1

nul	nula (ž)	[nula]
een	jeden	[jɛdɛn]
twee	dva	[dva]
drie	tři	[trʃɪ]
vier	čtyři	[ʧtɪrʒɪ]

vijf	pět	[pet]
zes	šest	[ʃɛst]
zeven	sedm	[sɛdm]
acht	osm	[osm]
negen	devět	[dɛvet]

tien	deset	[dɛsɛt]
elf	jedenáct	[jɛdɛna:ʦt]
twaalf	dvanáct	[dvana:ʦt]
dertien	třináct	[trʃɪna:ʦt]
veertien	čtrnáct	[ʧtrna:ʦt]

vijftien	patnáct	[patna:ʦt]
zestien	šestnáct	[ʃɛstna:ʦt]
zeventien	sedmnáct	[sɛdmna:ʦt]
achttien	osmnáct	[osmna:ʦt]
negentien	devatenáct	[dɛvatɛna:ʦt]

twintig	dvacet	[dvaʦɛt]
eenentwintig	dvacet jeden	[dvaʦɛt jɛdɛn]
tweeëntwintig	dvacet dva	[dvaʦɛt dva]
drieëntwintig	dvacet tři	[dvaʦɛt trʃɪ]

dertig	třicet	[trʃɪʦɛt]
eenendertig	třicet jeden	[trʃɪʦɛt jɛdɛn]
tweeëndertig	třicet dva	[trʃɪʦɛt dva]
drieëndertig	třicet tři	[trʃɪʦɛt trʃɪ]

veertig	čtyřicet	[ʧtɪrʒɪʦɛt]
eenenveertig	čtyřicet jeden	[ʧtɪrʒɪʦɛt jɛdɛn]
tweeënveertig	čtyřicet dva	[ʧtɪrʒɪʦɛt dva]
drieënveertig	čtyřicet tři	[ʧtɪrʒɪʦɛt trʃɪ]

vijftig	padesát	[padesa:t]
eenenvijftig	padesát jeden	[padesa:t jɛdɛn]
tweeënvijftig	padesát dva	[padesa:t dva]
drieënvijftig	padesát tři	[padesa:t trʃɪ]

zestig	šedesát	[ʃɛdɛsa:t
eenenzestig	šedesát jeden	[ʃɛdɛsa:t jɛdɛn]

| tweeënzestig | šedesát dva | [ʃɛdɛsaːt dva] |
| drieënzestig | šedesát tři | [ʃɛdɛsaːt trʃɪ] |

zeventig	sedmdesát	[sɛdmdɛsaːt
eenenzeventig	sedmdesát jeden	[sɛdmdɛsaːt jɛdɛn]
tweeënzeventig	sedmdesát dva	[sɛdmdɛsaːt dva]
drieënzeventig	sedmdesát tři	[sɛdmdɛsaːt trʃɪ]

tachtig	osmdesát	[osmdɛsaːt
eenentachtig	osmdesát jeden	[osmdɛsaːt jɛdɛn]
tweeëntachtig	osmdesát dva	[osmdɛsaːt dva]
drieëntachtig	osmdesát tři	[osmdɛsaːt trʃɪ]

negentig	devadesát	[dɛvadɛsaːt
eenennegentig	devadesát jeden	[dɛvadɛsaːt jɛdɛn]
tweeënnegentig	devadesát dva	[dɛvadɛsaːt dva]
drieënnegentig	devadesát tři	[dɛvadɛsaːt trʃɪ]

8. Kardinale getallen. Deel 2

honderd	sto	[sto]
tweehonderd	dvě stě	[dve ste]
driehonderd	tři sta	[trʃɪ sta]
vierhonderd	čtyři sta	[tʃtɪrʒɪ sta]
vijfhonderd	pět set	[pet sɛt]

zeshonderd	šest set	[ʃɛst sɛt]
zevenhonderd	sedm set	[sɛdm sɛt]
achthonderd	osm set	[osm sɛt]
negenhonderd	devět set	[dɛvet sɛt]

duizend	tisíc (m)	[tɪsiːʦ]
tweeduizend	dva tisíce	[dva tɪsiːʦɛ]
drieduizend	tři tisíce	[trʃɪ tɪsiːʦɛ]
tienduizend	deset tisíc	[dɛsɛt tɪsiːʦ]
honderdduizend	sto tisíc	[sto tɪsiːʦ]
miljoen (het)	milión (m)	[mɪlɪoːn]
miljard (het)	miliarda (ž)	[mɪlɪarda]

9. Ordinale getallen

eerste (bn)	první	[prvniː]
tweede (bn)	druhý	[druhiː]
derde (bn)	třetí	[trʃɛtiː]
vierde (bn)	čtvrtý	[tʃtvrtiː]
vijfde (bn)	pátý	[paːtiː]

zesde (bn)	šestý	[ʃɛstiː]
zevende (bn)	sedmý	[sɛdmiː]
achtste (bn)	osmý	[osmiː]
negende (bn)	devátý	[dɛvaːtiː]
tiende (bn)	desátý	[dɛsaːtiː]

KLEUREN. MEETEENHEDEN

10. Kleuren

kleur (de)	barva (ž)	[barva]
tint (de)	odstín (m)	[otsti:n]
kleurnuance (de)	tón (m)	[to:n]
regenboog (de)	duha (ž)	[duha]
wit (bn)	bílý	[bi:li:]
zwart (bn)	černý	[ʧɛrni:]
grijs (bn)	šedý	[ʃɛdi:]
groen (bn)	zelený	[zɛlɛni:]
geel (bn)	žlutý	[ʒluti:]
rood (bn)	červený	[ʧɛrvɛni:]
blauw (bn)	modrý	[modri:]
lichtblauw (bn)	bledě modrý	[blɛde modri:]
roze (bn)	růžový	[ru:ʒovi:]
oranje (bn)	oranžový	[oranʒovi:]
violet (bn)	fialový	[fɪalovi:]
bruin (bn)	hnědý	[hnedi:]
goud (bn)	zlatý	[zlati:]
zilverkleurig (bn)	stříbřitý	[strʃi:brʒɪti:]
beige (bn)	béžový	[bɛ:ʒovi:]
roomkleurig (bn)	krémový	[krɛ:movi:]
turkoois (bn)	tyrkysový	[tɪrkɪsovi:]
kersrood (bn)	višňový	[vɪʃnʲovi:]
lila (bn)	lila	[lɪla]
karmijnrood (bn)	malinový	[malɪnovi:]
licht (bn)	světlý	[svetli:]
donker (bn)	tmavý	[tmavi:]
fel (bn)	jasný	[jasni:]
kleur-, kleurig (bn)	barevný	[barɛvni:]
kleuren- (abn)	barevný	[barɛvni:]
zwart-wit (bn)	černobílý	[ʧɛrnobi:li:]
eenkleurig (bn)	jednobarevný	[jɛdnobarɛvni:]
veelkleurig (bn)	různobarevný	[ru:znobarɛvni:]

11. Meeteenheden

gewicht (het)	váha (ž)	[va:ha]
lengte (de)	délka (ž)	[dɛ:lka]

breedte (de)	šířka (ž)	[ʃi:rʃka]
hoogte (de)	výška (ž)	[vi:ʃka]
diepte (de)	hloubka (ž)	[hloupka]
volume (het)	objem (m)	[objɛm]
oppervlakte (de)	plocha (ž)	[ploxa]

gram (het)	gram (m)	[gram]
milligram (het)	miligram (m)	[mɪlɪgram]
kilogram (het)	kilogram (m)	[kɪlogram]
ton (duizend kilo)	tuna (ž)	[tuna]
pond (het)	libra (ž)	[lɪbra]
ons (het)	unce (ž)	[untsɛ]

meter (de)	metr (m)	[mɛtr]
millimeter (de)	milimetr (m)	[mɪlɪmɛtr]
centimeter (de)	centimetr (m)	[tsɛntɪmɛtr]
kilometer (de)	kilometr (m)	[kɪlomɛtr]
mijl (de)	míle (ž)	[mi:lɛ]

duim (de)	coul (m)	[tsoul]
voet (de)	stopa (ž)	[stopa]
yard (de)	yard (m)	[jart]

vierkante meter (de)	čtvereční metr (m)	[tʃtvɛrɛtʃni: mɛtr]
hectare (de)	hektar (m)	[hɛktar]

liter (de)	litr (m)	[lɪtr]
graad (de)	stupeň (m)	[stupɛnʲ]
volt (de)	volt (m)	[volt]
ampère (de)	ampér (m)	[ampɛ:r]
paardenkracht (de)	koňská síla (ž)	[konʲska: si:la]

hoeveelheid (de)	množství (s)	[mnoʒstvi:]
een beetje ...	trochu ...	[troxu]
helft (de)	polovina (ž)	[polovɪna]
dozijn (het)	tucet (m)	[tutsɛt]
stuk (het)	kus (m)	[kus]

afmeting (de)	rozměr (m)	[rozmner]
schaal (bijv. ~ van 1 op 50)	měřítko (s)	[mnerʒi:tko]

minimaal (bn)	minimální	[mɪnɪma:lni:]
minste (bn)	nejmenší	[nɛjmɛnʃi:]
medium (bn)	střední	[strʃɛdni:]
maximaal (bn)	maximální	[maksɪma:lni:]
grootste (bn)	největší	[nɛjvetʃi:]

12. Containers

glazen pot (de)	sklenice (ž)	[sklɛnɪtsɛ]
blik (conserven~)	plechovka (ž)	[plɛxofka]
emmer (de)	vědro (s)	[vedro]
ton (bijv. regenton)	sud (m)	[sut]
ronde waterbak (de)	mísa (ž)	[mi:sa]

tank (bijv. watertank-70-ltr)	nádrž (ž)	[na:drʃ]
heupfles (de)	plochá láhev (ž)	[ploxa: la:gɛf]
jerrycan (de)	kanystr (m)	[kanɪstr]
tank (bijv. ketelwagen)	cisterna (ž)	[ʦɪstɛrna]

beker (de)	hrníček (m)	[hrni:ʧɛk]
kopje (het)	šálek (m)	[ʃa:lɛk]
schoteltje (het)	talířek (m)	[tali:rʒɛk]
glas (het)	sklenice (ž)	[sklɛnɪʦɛ]
wijnglas (het)	sklenka (ž)	[sklɛŋka]
pan (de)	hrnec (m)	[hrnɛʦ]

fles (de)	láhev (ž)	[la:hɛf]
flessenhals (de)	hrdlo (s)	[hrdlo]

karaf (de)	karafa (ž)	[karafa]
kruik (de)	džbán (m)	[dʒba:n]
vat (het)	nádoba (ž)	[na:doba]
pot (de)	hrnec (m)	[hrnɛʦ]
vaas (de)	váza (ž)	[va:za]

flacon (de)	flakón (m)	[flako:n]
flesje (het)	lahvička (ž)	[lahvɪʧka]
tube (bijv. ~ tandpasta)	tuba (ž)	[tuba]

zak (bijv. ~ aardappelen)	pytel (m)	[pɪtɛl]
tasje (het)	sáček (m)	[sa:ʧɛk]
pakje (~ sigaretten, enz.)	balíček (m)	[bali:ʧɛk]

doos (de)	krabice (ž)	[krabɪʦɛ]
kist (de)	schránka (ž)	[sxra:ŋka]
mand (de)	koš (m)	[koʃ]

BELANGRIJKSTE WERKWOORDEN

13. De belangrijkste werkwoorden. Deel 1

aanbevelen (ww)	doporučovat	[doporutʃovat]
aandringen (ww)	trvat	[trvat]
aankomen (per auto, enz.)	přijíždět	[prʃɪji:ʒdet]
aanraken (ww)	dotýkat se	[doti:kat sɛ]
adviseren (ww)	radit	[radɪt]

afdalen (on.ww.)	jít dolů	[ji:t dolu:]
afslaan (naar rechts ~)	zatáčet	[zata:tʃɛt]
antwoorden (ww)	odpovídat	[otpovi:dat]
bang zijn (ww)	bát se	[ba:t sɛ]
bedreigen	vyhrožovat	[vɪhroʒovat]
(bijv. met een pistool)		

bedriegen (ww)	podvádět	[podva:det]
beëindigen (ww)	končit	[kontʃɪt]
beginnen (ww)	začínat	[zatʃi:nat]
begrijpen (ww)	rozumět	[rozumnet]
beheren (managen)	řídit	[rʒi:dɪt]

beledigen	urážet	[ura:ʒet]
(met scheldwoorden)		
beloven (ww)	slibovat	[slɪbovat]
bereiden (koken)	vařit	[varʒɪt]
bespreken (spreken over)	projednávat	[projɛdna:vat]

bestellen (eten ~)	objednávat	[objɛdna:vat]
bestraffen (een stout kind ~)	trestat	[trɛstat]
betalen (ww)	platit	[platɪt]
betekenen (beduiden)	znamenat	[znamɛnat]
betreuren (ww)	litovat	[lɪtovat]

bevallen (prettig vinden)	líbit se	[li:bɪt sɛ]
bevelen (mil.)	rozkazovat	[roskazovat]
bevrijden (stad, enz.)	osvobozovat	[osvobozovat]
bewaren (ww)	zachovávat	[zaxova:vat]
bezitten (ww)	vlastnit	[vlastnɪt]

bidden (praten met God)	modlit se	[modlɪt sɛ]
binnengaan (een kamer ~)	vcházet	[vxa:zet]
breken (ww)	lámat	[la:mat]
controleren (ww)	kontrolovat	[kontrolovat]
creëren (ww)	vytvořit	[vɪtvorʒɪt]

deelnemen (ww)	zúčastnit se	[zu:tʃastnɪt sɛ]
denken (ww)	myslit	[mɪslɪt]
doden (ww)	zabíjet	[zabi:jɛt]

doen (ww)	dělat	[delat]
dorst hebben (ww)	mít žízeň	[mi:t ʒi:zɛnʲ]

14. De belangrijkste werkwoorden. Deel 2

een hint geven	narážet	[nara:ʒet]
eisen (met klem vragen)	žádat	[ʒa:dat]
existeren (bestaan)	existovat	[ɛgzɪstovat]
gaan (te voet)	jít	[ji:t]

gaan zitten (ww)	sednout si	[sɛdnout sɪ]
gaan zwemmen	koupat se	[koupat sɛ]
geven (ww)	dávat	[da:vat]
glimlachen (ww)	usmívat se	[usmi:vat sɛ]
goed raden (ww)	rozluštit	[rozluʃtɪt]

grappen maken (ww)	žertovat	[ʒertovat]
graven (ww)	rýt	[ri:t]

hebben (ww)	mít	[mi:t]
helpen (ww)	pomáhat	[poma:hat]
herhalen (opnieuw zeggen)	opakovat	[opakovat]
honger hebben (ww)	mít hlad	[mi:t hlat]
hopen (ww)	doufat	[doufat]
horen	slyšet	[slɪʃɛt]
(waarnemen met het oor)		
huilen (wenen)	plakat	[plakat]
huren (huis, kamer)	pronajímat si	[pronaji:mat sɪ]
informeren (informatie geven)	informovat	[ɪnformovat]

instemmen (akkoord gaan)	souhlasit	[souhlasɪt]
jagen (ww)	lovit	[lovɪt]
kennen (kennis hebben	znát	[zna:t]
van iemand)		
kiezen (ww)	vybírat	[vɪbi:rat]
klagen (ww)	stěžovat si	[steʒovat sɪ]

kosten (ww)	stát	[sta:t]
kunnen (ww)	moci	[motsɪ]
lachen (ww)	smát se	[sma:t sɛ]
laten vallen (ww)	pouštět	[pouʃtet]
lezen (ww)	číst	[tʃi:st]

liefhebben (ww)	milovat	[mɪlovat]
lunchen (ww)	obědvat	[obedvat]
nemen (ww)	brát	[bra:t]
nodig zijn (ww)	být potřebný	[bi:t potřɛbni:]

15. De belangrijkste werkwoorden. Deel 3

onderschatten (ww)	podceňovat	[podtsɛnʲovat]
ondertekenen (ww)	podepisovat	[podɛpɪsovat]

ontbijten (ww)	snídat	[sni:dat]
openen (ww)	otvírat	[otvi:rat]
ophouden (ww)	zastavovat	[zastavovat]
opmerken (zien)	všímat si	[vʃi:mat sɪ]

opscheppen (ww)	vychloubat se	[vɪxloubat sɛ]
opschrijven (ww)	zapisovat si	[zapɪsovat sɪ]
plannen (ww)	plánovat	[pla:novat]
prefereren (verkiezen)	dávat přednost	[da:vat prʃɛdnost]
proberen (trachten)	zkoušet	[skouʃɛt]
redden (ww)	zachraňovat	[zaxranʲovat]

rekenen op ...	spoléhat na ...	[spolɛ:hat na]
rennen (ww)	běžet	[beʒet]
reserveren (een hotelkamer ~)	rezervovat	[rɛzɛrvovat]
roepen (om hulp)	volat	[volat]
schieten (ww)	střílet	[strʃi:lɛt]
schreeuwen (ww)	křičet	[krʃɪtʃɛt]

schrijven (ww)	psát	[psa:t]
souperen (ww)	večeřet	[vɛtʃɛrʒɛt]
spelen (kinderen)	hrát	[hra:t]
spreken (ww)	mluvit	[mluvɪt]
stelen (ww)	krást	[kra:st]
stoppen (pauzeren)	zastavovat se	[zastavovat sɛ]

studeren (Nederlands ~)	studovat	[studovat]
sturen (zenden)	odesílat	[odɛsi:lat]
tellen (optellen)	počítat	[potʃi:tat]
toebehoren aan ...	patřit	[patrʃɪt]
toestaan (ww)	dovolovat	[dovolovat]
tonen (ww)	ukazovat	[ukazovat]

twijfelen (onzeker zijn)	pochybovat	[poxɪbovat]
uitgaan (ww)	vycházet	[vɪxa:zɛt]
uitnodigen (ww)	zvát	[zva:t]
uitspreken (ww)	vyslovovat	[vɪslovovat]
uitvaren tegen (ww)	nadávat	[nada:vat]

16. De belangrijkste werkwoorden. Deel 4

vallen (ww)	padat	[padat]
vangen (ww)	chytat	[xɪtat]
veranderen (anders maken)	změnit	[zmnenɪt]
verbaasd zijn (ww)	divit se	[dɪvɪt sɛ]
verbergen (ww)	schovávat	[sxova:vat]

verdedigen (je land ~)	bránit	[bra:nɪt]
verenigen (ww)	sjednocovat	[sjɛdnotsovat]
vergelijken (ww)	porovnávat	[porovna:vat]
vergeten (ww)	zapomínat	[zapomi:nat]
vergeven (ww)	odpouštět	[otpouʃtet]
verklaren (uitleggen)	vysvětlovat	[vɪsvetlovat]

verkopen (per stuk ~)	prodávat	[proda:vat]
vermelden (praten over)	zmiňovat se	[zmɪnʲovat sɛ]
versieren (decoreren)	zdobit	[zdobɪt]
vertalen (ww)	překládat	[prʃɛkla:dat]

vertrouwen (ww)	důvěřovat	[du:verʒovat]
vervolgen (ww)	pokračovat	[pokratʃovat]
verwarren (met elkaar ~)	plést	[plɛ:st]
verzoeken (ww)	prosit	[prosɪt]
verzuimen (school, enz.)	zameškávat	[zameʃka:vat]

vinden (ww)	nacházet	[naxa:zɛt]
vliegen (ww)	letět	[lɛtet]
volgen (ww)	následovat	[na:slɛdovat]
voorstellen (ww)	nabízet	[nabi:zɛt]
voorzien (verwachten)	předvídat	[prʃɛdvi:dat]
vragen (ww)	ptát se	[pta:t sɛ]

waarnemen (ww)	pozorovat	[pozorovat]
waarschuwen (ww)	upozorňovat	[upozornʲovat]
wachten (ww)	čekat	[tʃɛkat]
weerspreken (ww)	namítat	[nami:tat]
weigeren (ww)	odmítat	[odmi:tat]

werken (ww)	pracovat	[pratsovat]
weten (ww)	vědět	[vedet]
willen (verlangen)	chtít	[xti:t]
zeggen (ww)	říci	[rʒi:tsɪ]
zich haasten (ww)	spěchat	[spexat]

zich interesseren voor ...	zajímat se	[zaji:mat sɛ]
zich vergissen (ww)	mýlit se	[mi:lɪt sɛ]
zich verontschuldigen	omlouvat se	[omlouvat sɛ]
zien (ww)	vidět	[vɪdet]

zoeken (ww)	hledat	[hlɛdat]
zwemmen (ww)	plavat	[plavat]
zwijgen (ww)	mlčet	[mltʃɛt]

TIJD. KALENDER

17. Dagen van de week

maandag (de)	pondělí (s)	[pondeli:]
dinsdag (de)	úterý (s)	[u:tɛri:]
woensdag (de)	středa (ž)	[strʃɛda]
donderdag (de)	čtvrtek (m)	[tʃtvrtɛk]
vrijdag (de)	pátek (m)	[pa:tɛk]
zaterdag (de)	sobota (ž)	[sobota]
zondag (de)	neděle (ž)	[nɛdɛlɛ]
vandaag (bw)	dnes	[dnɛs]
morgen (bw)	zítra	[zi:tra]
overmorgen (bw)	pozítří	[pozi:trʃi:]
gisteren (bw)	včera	[vtʃɛra]
eergisteren (bw)	předevčírem	[prʃɛdɛvtʃi:rɛm]
dag (de)	den (m)	[dɛn]
werkdag (de)	pracovní den (m)	[pratsovni: dɛn]
feestdag (de)	sváteční den (m)	[sva:tɛtʃni: dɛn]
verlofdag (de)	volno (s)	[volno]
weekend (het)	víkend (m)	[vi:kɛnt]
de hele dag (bw)	celý den	[tsɛli: dɛn]
de volgende dag (bw)	příští den	[prʃi:ʃti: dɛn]
twee dagen geleden	před dvěma dny	[prʃɛd dvema dnɪ]
aan de vooravond (bw)	den předtím	[dɛn prʃɛdti:m]
dag-, dagelijks (bn)	denní	[dɛnni:]
elke dag (bw)	denně	[dɛnne]
week (de)	týden (m)	[ti:dɛn]
vorige week (bw)	minulý týden	[mɪnuli: ti:dɛn]
volgende week (bw)	příští týden	[prʃi:ʃti: ti:dɛn]
wekelijks (bn)	týdenní	[ti:dɛnni:]
elke week (bw)	týdně	[ti:dne]
twee keer per week	dvakrát týdně	[dvakra:t ti:dne]
elke dinsdag	každé úterý	[kaʒdɛ: u:tɛri:]

18. Uren. Dag en nacht

morgen (de)	ráno (s)	[ra:no]
's morgens (bw)	ráno	[ra:no]
middag (de)	poledne (s)	[polɛdnɛ]
's middags (bw)	odpoledne	[otpolɛdnɛ]
avond (de)	večer (m)	[vɛtʃɛr]
's avonds (bw)	večer	[vɛtʃɛr]

nacht (de)	noc (ž)	[noʦ]
's nachts (bw)	v noci	[v noʦɪ]
middernacht (de)	půlnoc (ž)	[puːlnoʦ]

seconde (de)	sekunda (ž)	[sɛkunda]
minuut (de)	minuta (ž)	[mɪnuta]
uur (het)	hodina (ž)	[hodɪna]
halfuur (het)	půlhodina (ž)	[puːlhodɪna]
kwartier (het)	čtvrthodina (ž)	[ʧtvrthodɪna]
vijftien minuten	patnáct minut	[patnaːʦt mɪnut]
etmaal (het)	den a noc	[dɛn a noʦ]

zonsopgang (de)	východ (m) slunce	[viːxod slunʦɛ]
dageraad (de)	úsvit (m)	[uːsvɪt]
vroege morgen (de)	časné ráno (s)	[ʧasnɛː raːno]
zonsondergang (de)	západ (m) slunce	[zaːpat slunʦɛ]

's morgens vroeg (bw)	brzy ráno	[brzɪ raːno]
vanmorgen (bw)	dnes ráno	[dnɛs raːno]
morgenochtend (bw)	zítra ráno	[ziːtra raːno]

vanmiddag (bw)	dnes odpoledne	[dnɛs otpolɛdnɛ]
's middags (bw)	odpoledne	[otpolɛdnɛ]
morgenmiddag (bw)	zítra odpoledne	[ziːtra otpolɛdnɛ]

| vanavond (bw) | dnes večer | [dnɛs vɛʧɛr] |
| morgenavond (bw) | zítra večer | [ziːtra vɛʧɛr] |

klokslag drie uur	přesně ve tři hodiny	[prʃesne vɛ trʃɪ hodɪnɪ]
ongeveer vier uur	kolem čtyř hodin	[kolɛm ʧtɪrʒ hodɪn]
tegen twaalf uur	do dvanácti hodin	[do dvanaːʦtɪ hodɪn]

over twintig minuten	za dvacet minut	[za dvaʦɛt mɪnut]
over een uur	za hodinu	[za hodɪnu]
op tijd (bw)	včas	[vʧas]

kwart voor …	tři čtvrtě	[trʃɪ ʧtvrte]
binnen een uur	během hodiny	[behɛm hodɪnɪ]
elk kwartier	každých patnáct minut	[kaʒdiːx patnaːʦt mɪnut]
de klok rond	celodenně	[ʦɛlodɛnne]

19. Maanden. Seizoenen

januari (de)	leden (m)	[lɛdɛn]
februari (de)	únor (m)	[uːnor]
maart (de)	březen (m)	[brʒɛzɛn]
april (de)	duben (m)	[dubɛn]
mei (de)	květen (m)	[kvetɛn]
juni (de)	červen (m)	[ʧɛrvɛn]

juli (de)	červenec (m)	[ʧɛrvɛnɛʦ]
augustus (de)	srpen (m)	[srpɛn]
september (de)	září (s)	[zaːrʒiː]
oktober (de)	říjen (m)	[rʒiːjɛn]

| november (de) | listopad (m) | [lɪstopat] |
| december (de) | prosinec (m) | [prosɪnɛts] |

lente (de)	jaro (s)	[jaro]
in de lente (bw)	na jaře	[na jarʒɛ]
lente- (abn)	jarní	[jarni:]

zomer (de)	léto (s)	[lɛ:to]
in de zomer (bw)	v létě	[v lɛ:te]
zomer-, zomers (bn)	letní	[lɛtni:]

herfst (de)	podzim (m)	[podzɪm]
in de herfst (bw)	na podzim	[na podzɪm]
herfst- (abn)	podzimní	[podzɪmni:]

winter (de)	zima (ž)	[zɪma]
in de winter (bw)	v zimě	[v zɪmne]
winter- (abn)	zimní	[zɪmni:]

maand (de)	měsíc (m)	[mnesi:ts]
deze maand (bw)	tento měsíc	[tɛnto mnesi:ts]
volgende maand (bw)	příští měsíc	[prʃi:ʃti: mnesi:ts]
vorige maand (bw)	minulý měsíc	[mɪnuli: mnesi:ts]

een maand geleden (bw)	před měsícem	[prʃɛd mnesi:tsɛm]
over een maand (bw)	za měsíc	[za mnesi:ts]
over twee maanden (bw)	za dva měsíce	[za dva mnesi:tsɛ]
de hele maand (bw)	celý měsíc	[tsɛli: mnesi:ts]
een volle maand (bw)	celý měsíc	[tsɛli: mnesi:ts]

maand-, maandelijks (bn)	měsíční	[mnesi:tʃni:]
maàndelijks (bw)	každý měsíc	[kaʒdi: mnesi:ts]
elke maand (bw)	měsíčně	[mnesi:tʃne]
twee keer per maand	dvakrát měsíčně	[dvakra:t mnesi:tʃne]

jaar (het)	rok (m)	[rok]
dit jaar (bw)	letos	[lɛtos]
volgend jaar (bw)	příští rok	[prʃi:ʃti: rok]
vorig jaar (bw)	vloni	[vlonɪ]

een jaar geleden (bw)	před rokem	[prʃɛd rokɛm]
over een jaar	za rok	[za rok]
over twee jaar	za dva roky	[za dva rokɪ]
het hele jaar	celý rok	[tsɛli: rok]
een vol jaar	celý rok	[tsɛli: rok]

elk jaar	každý rok	[kaʒdi: rok]
jaar-, jaarlijks (bn)	každoroční	[kaʒdorotʃni:]
jaarlijks (bw)	každoročně	[kaʒdorotʃne]
4 keer per jaar	čtyřikrát za rok	[tʃtɪrʒɪkra:t za rok]

datum (de)	datum (s)	[datum]
datum (de)	datum (s)	[datum]
kalender (de)	kalendář (m)	[kalɛnda:rʃ]
een half jaar	půl roku	[pu:l roku]
zes maanden	půlrok (m)	[pu:lrok]

| seizoen (bijv. lente, zomer) | období (s) | [obdobi:] |
| eeuw (de) | století (s) | [stolɛti:] |

REIZEN. HOTEL

20. Trip. Reizen

toerisme (het)	turistika (ž)	[turɪstɪka]
toerist (de)	turista (m)	[turɪsta]
reis (de)	cestování (s)	[tsɛstovaːniː]
avontuur (het)	příhoda (ž)	[prʃiːhoda]
tocht (de)	cesta (ž)	[tsɛsta]

vakantie (de)	dovolená (ž)	[dovolɛnaː]
met vakantie zijn	mít dovolenou	[miːt dovolɛnou]
rust (de)	odpočinek (m)	[otpotʃɪnɛk]

trein (de)	vlak (m)	[vlak]
met de trein	vlakem	[vlakɛm]
vliegtuig (het)	letadlo (s)	[lɛtadlo]
met het vliegtuig	letadlem	[lɛtadlɛm]
met de auto	autem	[autɛm]
per schip (bw)	lodí	[lodiː]

bagage (de)	zavazadla (s mn)	[zavazadla]
valies (de)	kufr (m)	[kufr]
bagagekarretje (het)	vozík (m) na zavazadla	[voziːk na zavazadla]

paspoort (het)	pas (m)	[pas]
visum (het)	vízum (s)	[viːzum]
kaartje (het)	jízdenka (ž)	[jiːzdɛŋka]
vliegticket (het)	letenka (ž)	[lɛtɛŋka]

reisgids (de)	průvodce (m)	[pruːvodtsɛ]
kaart (de)	mapa (ž)	[mapa]
gebied (landelijk ~)	krajina (ž)	[krajɪna]
plaats (de)	místo (s)	[miːsto]

exotische bestemming (de)	exotika (ž)	[ɛgzotɪka]
exotisch (bn)	exotický	[ɛgzotɪtski:]
verwonderlijk (bn)	podivuhodný	[podɪvuhodniː]

groep (de)	skupina (ž)	[skupɪna]
rondleiding (de)	výlet (m)	[viːlɛt]
gids (de)	průvodce (m)	[pruːvodtsɛ]

21. Hotel

hotel (het)	hotel (m)	[hotɛl]
motel (het)	motel (m)	[motɛl]
3-sterren	tři hvězdy	[trʃɪ hvezdɪ]

| 5-sterren | pět hvězd | [pet hvɛzt] |
| overnachten (ww) | ubytovat se | [ubɪtovat sɛ] |

kamer (de)	pokoj (m)	[pokoj]
eenpersoonskamer (de)	jednolůžkový pokoj (m)	[jɛdnolu:ʃkovi: pokoj]
tweepersoonskamer (de)	dvoulůžkový pokoj (m)	[dvoulu:ʃkovi: pokoj]
een kamer reserveren	rezervovat pokoj	[rɛzɛrvovat pokoj]

| halfpension (het) | polopenze (ž) | [polopɛnzɛ] |
| volpension (het) | plná penze (ž) | [plna: pɛnzɛ] |

met badkamer	s koupelnou	[s koupɛlnou]
met douche	se sprchou	[sɛ sprxou]
satelliet-tv (de)	satelitní televize (ž)	[satɛlɪtni: tɛlɛvɪzɛ]
airconditioner (de)	klimatizátor (m)	[klɪmatɪza:tor]
handdoek (de)	ručník (m)	[rutʃni:k]
sleutel (de)	klíč (m)	[kli:tʃ]

administrateur (de)	recepční (m)	[rɛtsɛptʃni:]
kamermeisje (het)	pokojská (ž)	[pokojska:]
piccolo (de)	nosič (m)	[nosɪtʃ]
portier (de)	vrátný (m)	[vra:tni:]

restaurant (het)	restaurace (ž)	[rɛstauratsɛ]
bar (de)	bar (m)	[bar]
ontbijt (het)	snídaně (ž)	[sni:danɛ]
avondeten (het)	večeře (ž)	[vɛtʃɛrʒɛ]
buffet (het)	obložený stůl (m)	[oblɔʒeni: stu:l]

| hal (de) | vstupní hala (ž) | [vstupni: hala] |
| lift (de) | výtah (m) | [vi:tax] |

| NIET STOREN | NERUŠIT | [nɛruʃɪt] |
| VERBODEN TE ROKEN! | ZÁKAZ KOUŘENÍ | [za:kaz kourʒɛni:] |

22. Bezienswaardigheden

monument (het)	památka (ž)	[pama:tka]
vesting (de)	pevnost (ž)	[pɛvnost]
paleis (het)	palác (m)	[pala:ts]
kasteel (het)	zámek (m)	[za:mɛk]
toren (de)	věž (ž)	[vɛʃ]
mausoleum (het)	mauzoleum (s)	[mauzolɛum]

architectuur (de)	architektura (ž)	[arxɪtɛktura]
middeleeuws (bn)	středověký	[strʃɛdoveki:]
oud (bn)	starobylý	[starobɪli:]
nationaal (bn)	národní	[na:rodni:]
bekend (bn)	známý	[zna:mi:]

toerist (de)	turista (m)	[turɪsta]
gids (de)	průvodce (m)	[pru:vodtsɛ]
rondleiding (de)	výlet (m)	[vi:lɛt]
tonen (ww)	ukazovat	[ukazovat]

vertellen (ww)	povídat	[povi:dat]
vinden (ww)	najít	[naji:t]
verdwalen (de weg kwijt zijn)	ztratit se	[stratɪtsɛ]
plattegrond (~ van de metro)	plán (m)	[pla:n]
plattegrond (~ van de stad)	plán (m)	[pla:n]

souvenir (het)	suvenýr (m)	[suvɛni:r]
souvenirwinkel (de)	prodejna (ż) suvenýrů	[prodɛjna suvɛni:ru:]
foto's maken	fotografovat	[fotografovat]
zich laten fotograferen	fotografovat se	[fotografovat sɛ]

VERVOER

23. Vliegveld

luchthaven (de)	**letiště** (s)	[lɛtɪʃtɛ]
vliegtuig (het)	**letadlo** (s)	[lɛtadlo]
luchtvaartmaatschappij (de)	**letecká společnost** (ž)	[lɛtɛtska: spolɛtʃnost]
luchtverkeersleider (de)	**dispečer** (m)	[dɪspɛtʃɛr]
vertrek (het)	**odlet** (m)	[odlɛt]
aankomst (de)	**přílet** (m)	[prʃiːlɛt]
aankomen (per vliegtuig)	**přiletět**	[prʃɪlɛtet]
vertrektijd (de)	**čas** (m) **odletu**	[tʃas odlɛtu]
aankomstuur (het)	**čas** (m) **příletu**	[tʃas prʃilɛtu]
vertraagd zijn (ww)	**mít zpoždění**	[miːt spoʒdɛniː]
vluchtvertraging (de)	**zpoždění** (s) **odletu**	[spoʒdeni: odlɛtu]
informatiebord (het)	**informační tabule** (ž)	[ɪnformatʃni: tabulɛ]
informatie (de)	**informace** (ž)	[ɪnformatsɛ]
aankondigen (ww)	**hlásit**	[hla:sɪt]
vlucht (bijv. KLM ~)	**let** (m)	[lɛt]
douane (de)	**celnice** (ž)	[tsɛlnɪtsɛ]
douanier (de)	**celník** (m)	[tsɛlni:k]
douaneaangifte (de)	**prohlášení** (s)	[prohla:ʃɛni:]
een douaneaangifte invullen	**vyplnit prohlášení**	[vɪplnɪt prohla:ʃɛni:]
paspoortcontrole (de)	**pasová kontrola** (ž)	[pasova: kontrola]
bagage (de)	**zavazadla** (s mn)	[zavazadla]
handbagage (de)	**příruční zavazadlo** (s)	[prʃi:rutʃni: zavazadlo]
bagagekarretje (het)	**vozík** (m) **na zavazadla**	[vozi:k na zavazadla]
landing (de)	**přistání** (s)	[prʃɪsta:ni:]
landingsbaan (de)	**přistávací dráha** (ž)	[prʃɪsta:vatsi: dra:ha]
landen (ww)	**přistávat**	[prʃɪsta:vat]
vliegtuigtrap (de)	**pojízdné schůdky** (m mn)	[poji:zdnɛ: sxu:tkɪ]
inchecken (het)	**registrace** (ž)	[rɛgɪstratsɛ]
incheckbalie (de)	**přepážka** (ž) **registrace**	[prʃɛpa:ʃka rɛgɪstratsɛ]
inchecken (ww)	**zaregistrovat se**	[zarɛgɪstrovat sɛ]
instapkaart (de)	**palubní lístek** (m)	[palubni: li:stɛk]
gate (de)	**příchod** (m) **k nástupu**	[prʃi:xot k na:stupu]
transit (de)	**tranzit** (m)	[tranzɪt]
wachten (ww)	**čekat**	[tʃɛkat]
wachtzaal (de)	**čekárna** (ž)	[tʃɛka:rna]
begeleiden (uitwuiven)	**doprovázet**	[doprova:zɛt]
afscheid nemen (ww)	**loučit se**	[loutʃɪt sɛ]

24. Vliegtuig

vliegtuig (het)	letadlo (s)	[lɛtadlo]
vliegticket (het)	letenka (ž)	[lɛtɛŋka]
luchtvaartmaatschappij (de)	letecká společnost (ž)	[lɛtɛʦka: spolɛʧnost]
luchthaven (de)	letiště (s)	[lɛtɪʃtɛ]
supersonisch (bn)	nadzvukový	[nadzvukovi:]
gezagvoerder (de)	velitel (m) posádky	[vɛlɪtɛl posa:tkɪ]
bemanning (de)	posádka (ž)	[posa:tka]
piloot (de)	pilot (m)	[pɪlot]
stewardess (de)	letuška (ž)	[lɛtuʃka]
stuurman (de)	navigátor (m)	[navɪga:tor]
vleugels (mv.)	křídla (s mn)	[krʃi:dla]
staart (de)	ocas (m)	[oʦas]
cabine (de)	kabina (ž)	[kabɪna]
motor (de)	motor (m)	[motor]
landingsgestel (het)	podvozek (m)	[podvozɛk]
turbine (de)	turbína (ž)	[turbi:na]
propeller (de)	vrtule (ž)	[vrtulɛ]
zwarte doos (de)	černá skříňka (ž)	[ʧɛrna: skrʃi:nʲka]
stuur (het)	řídicí páka (ž)	[rʒi:dɪʦi: pa:ka]
brandstof (de)	palivo (s)	[palɪvo]
veiligheidskaart (de)	předpis (m)	[prʃɛtpɪs]
zuurstofmasker (het)	kyslíková maska (ž)	[kɪsli:kova: maska]
uniform (het)	uniforma (ž)	[unɪforma]
reddingsvest (de)	záchranná vesta (ž)	[za:xranna: vɛsta]
parachute (de)	padák (m)	[pada:k]
opstijgen (het)	start (m) letadla	[start lɛtadla]
opstijgen (ww)	vzlétat	[vzlɛ:tat]
startbaan (de)	rozjezdová dráha (ž)	[rozjɛzdova: dra:ha]
zicht (het)	viditelnost (ž)	[vɪdɪtɛlnost]
vlucht (de)	let (m)	[lɛt]
hoogte (de)	výška (ž)	[vi:ʃka]
luchtzak (de)	vzdušná jáma (ž)	[vzduʃna: jama]
plaats (de)	místo (s)	[mi:sto]
koptelefoon (de)	sluchátka (s mn)	[sluxa:tka]
tafeltje (het)	odklápěcí stolek (m)	[otkla:pɛʦi: stolɛk]
venster (het)	okénko (s)	[okɛ:ŋko]
gangpad (het)	chodba (ž)	[xodba]

25. Trein

trein (de)	vlak (m)	[vlak]
elektrische trein (de)	elektrický vlak (m)	[ɛlɛktrɪtski: vlak]
sneltrein (de)	rychlík (m)	[rɪxli:k]
diesellocomotief (de)	motorová lokomotiva (ž)	[motorova: lokomotɪva]

stoomlocomotief (de)	parní lokomotiva (ž)	[parni: lokomotɪva]
rijtuig (het)	vůz (m)	[vu:z]
restauratierijtuig (het)	jídelní vůz (m)	[ji:dɛlni: vu:z]

rails (mv.)	koleje (ž mn)	[kolɛjɛ]
spoorweg (de)	železnice (ž mn)	[ʒelɛznɪtsɛ]
dwarsligger (de)	pražec (m)	[praʒets]

perron (het)	nástupiště (s)	[na:stupɪʃte]
spoor (het)	kolej (ž)	[kolɛj]
semafoor (de)	návěstidlo (s)	[na:vestɪdlo]
halte (bijv. kleine treinhalte)	stanice (ž)	[stanɪtsɛ]

machinist (de)	strojvůdce (m)	[strojvu:dtsɛ]
kruier (de)	nosič (m)	[nosɪtʃ]
conducteur (de)	průvodčí (m)	[pru:vodtʃi:]
passagier (de)	cestující (m)	[tsɛstuji:tsi:]
controleur (de)	revizor (m)	[rɛvɪzor]

| gang (in een trein) | chodba (ž) | [xodba] |
| noodrem (de) | záchranná brzda (ž) | [za:xranna: brzda] |

coupé (de)	oddělení (s)	[oddelɛni:]
bed (slaapplaats)	lůžko (s)	[lu:ʃko]
bovenste bed (het)	horní lůžko (s)	[horni: lu:ʃko]
onderste bed (het)	dolní lůžko (s)	[dolni: lu:ʃko]
beddengoed (het)	lůžkoviny (ž mn)	[lu:ʃkovɪnɪ]

kaartje (het)	jízdenka (ž)	[ji:zdɛnka]
dienstregeling (de)	jízdní řád (m)	[ji:zdni: rʒa:t]
informatiebord (het)	tabule (ž)	[tabulɛ]

vertrekken (De trein vertrekt ...)	odjíždět	[odji:ʒdet]
vertrek (ov. een trein)	odjezd (m)	[odjɛst]
aankomen (ov. de treinen)	přijíždět	[prʃɪji:ʒdet]
aankomst (de)	příjezd (m)	[prʃi:jɛst]

aankomen per trein	přijet vlakem	[prʃɪɛt vlakɛm]
in de trein stappen	nastoupit do vlaku	[nastoupɪt do vlaku]
uit de trein stappen	vystoupit z vlaku	[vɪstoupɪt z vlaku]

treinwrak (het)	železniční neštěstí (s)	[ʒelɛznɪtʃni: nɛʃtesti:]
stoomlocomotief (de)	parní lokomotiva (ž)	[parni: lokomotɪva]
stoker (de)	topič (m)	[topɪtʃ]
stookplaats (de)	topeniště (s)	[topɛnɪʃte]
steenkool (de)	uhlí (s)	[uhli:]

26. Schip

schip (het)	loď (ž)	[lotʲ]
vaartuig (het)	loď (ž)	[lotʲ]
stoomboot (de)	parník (m)	[parni:k]
motorschip (het)	říční loď (ž)	[ritʃni lotʲ]

lijnschip (het)	linková loď (ž)	[lɪŋkova: lotʲ]
kruiser (de)	křižník (m)	[krʒɪʒni:k]
jacht (het)	jachta (ž)	[jaxta]
sleepboot (de)	vlek (m)	[vlɛk]
duwbak (de)	vlečná nákladní loď (ž)	[vlɛtʃna: na:kladni: lotʲ]
ferryboot (de)	prám (m)	[pra:m]
zeilboot (de)	plachetnice (ž)	[plaxɛtnɪtsɛ]
brigantijn (de)	brigantina (ž)	[brɪganti:na]
ijsbreker (de)	ledoborec (m)	[lɛdoborɛts]
duikboot (de)	ponorka (ž)	[ponorka]
boot (de)	loďka (ž)	[lotʲka]
sloep (de)	člun (m)	[tʃlun]
reddingssloep (de)	záchranný člun (m)	[za:xranni: tʃlun]
motorboot (de)	motorový člun (m)	[motorovi: tʃlun]
kapitein (de)	kapitán (m)	[kapɪta:n]
zeeman (de)	námořník (m)	[na:morʒni:k]
matroos (de)	námořník (m)	[na:morʒni:k]
bemanning (de)	posádka (ž)	[posa:tka]
bootsman (de)	loďmistr (m)	[lodʲmɪstr]
scheepsjongen (de)	plavčík (m)	[plavtʃi:k]
kok (de)	lodní kuchař (m)	[lodni: kuxarʃ]
scheepsarts (de)	lodní lékař (m)	[lodni: lɛ:karʃ]
dek (het)	paluba (ž)	[paluba]
mast (de)	stěžeň (m)	[stɛʒenʲ]
zeil (het)	plachta (ž)	[plaxta]
ruim (het)	podpalubí (s)	[potpalubi:]
voorsteven (de)	příď (ž)	[prʃi:tʲ]
achtersteven (de)	záď (ž)	[za:tʲ]
roeispaan (de)	veslo (s)	[vɛslo]
schroef (de)	lodní šroub (m)	[lodni: ʃroup]
kajuit (de)	kajuta (ž)	[kajuta]
officierskamer (de)	společenská místnost (ž)	[spolɛtʃenska: mi:stnost]
machinekamer (de)	strojovna (ž)	[strojovna]
brug (de)	kapitánský můstek (m)	[kapɪta:nski: mu:stɛk]
radiokamer (de)	rádiová kabina (ž)	[ra:dɪova: kabɪna]
radiogolf (de)	vlna (ž)	[vlna]
logboek (het)	lodní deník (m)	[lodni: dɛni:k]
verrekijker (de)	dalekohled (m)	[dalɛkohlet]
klok (de)	zvon (m)	[zvon]
vlag (de)	vlajka (ž)	[vlajka]
kabel (de)	lano (s)	[lano]
knoop (de)	uzel (m)	[uzɛl]
leuning (de)	zábradlí (s)	[za:bradli:]
trap (de)	schůdky (m mn)	[sxu:tkɪ]

anker (het)	kotva (ž)	[kotva]
het anker lichten	zvednout kotvy	[zvɛdnout kotvɪ]
het anker neerlaten	spustit kotvy	[spustɪt kotvɪ]
ankerketting (de)	kotevní řetěz (m)	[kotɛvní rʒɛtez]

haven (bijv. containerhaven)	přístav (m)	[prʃi:staf]
kaai (de)	přístaviště (s)	[prʃi:stavɪʃte]
aanleggen (ww)	přistávat	[prʃɪsta:vat]
wegvaren (ww)	vyplouvat	[vɪplouvat]

reis (de)	cestování (s)	[tsɛstova:ni:]
cruise (de)	výletní plavba (ž)	[vi:letni: plavba]
koers (de)	kurz (m)	[kurs]
route (de)	trasa (ž)	[trasa]

vaarwater (het)	plavební dráha (ž)	[plavɛbni: dra:ha]
zandbank (de)	mělčina (ž)	[mneltʃɪna]
stranden (ww)	najet na mělčinu	[najɛt na mneltʃɪnu]

storm (de)	bouřka (ž)	[bourʃka]
signaal (het)	signál (m)	[sɪgna:l]
zinken (ov. een boot)	potápět se	[pota:pet sɛ]
SOS (noodsignaal)	SOS	[ɛs o: ɛs]
reddingsboei (de)	záchranný kruh (m)	[za:xranni: krux]

STAD

27. Stedelijk vervoer

bus, autobus (de)	autobus (m)	[autobus]
tram (de)	tramvaj (ž)	[tramvaj]
trolleybus (de)	trolejbus (m)	[trolɛjbus]
route (de)	trasa (ž)	[trasa]
nummer (busnummer, enz.)	číslo (s)	[tʃi:slo]
rijden met ...	jet	[jɛt]
stappen (in de bus ~)	nastoupit do ...	[nastoupɪt do]
afstappen (ww)	vystoupit z ...	[vɪstoupɪt z]
halte (de)	zastávka (ž)	[zasta:fka]
volgende halte (de)	příští zastávka (ž)	[prʃi:ʃti: zasta:fka]
eindpunt (het)	konečná stanice (ž)	[konɛtʃna: stanɪtsɛ]
dienstregeling (de)	jízdní řád (m)	[ji:zdni: rʒa:t]
wachten (ww)	čekat	[tʃɛkat]
kaartje (het)	jízdenka (ž)	[ji:zdɛŋka]
reiskosten (de)	jízdné (s)	[ji:zdnɛ:]
kassier (de)	pokladník (m)	[pokladni:k]
kaartcontrole (de)	kontrola (ž)	[kontrola]
controleur (de)	revizor (m)	[rɛvɪzor]
te laat zijn (ww)	mít zpoždění	[mi:t spoʒdɛni:]
missen (de bus ~)	opozdit se	[opozdɪt sɛ]
zich haasten (ww)	pospíchat	[pospi:xat]
taxi (de)	taxík (m)	[taksi:k]
taxichauffeur (de)	taxikář (m)	[taksɪka:rʃ]
met de taxi (bw)	taxíkem	[taksi:kɛm]
taxistandplaats (de)	stanoviště (s) taxíků	[stanovɪʃte taksi:ku:]
een taxi bestellen	zavolat taxíka	[zavolat taksi:ka]
een taxi nemen	vzít taxíka	[vzi:t taksi:ka]
verkeer (het)	uliční provoz (m)	[ulɪtʃni: provoz]
file (de)	zácpa (ž)	[za:tspa]
spitsuur (het)	špička (ž)	[ʃpɪtʃka]
parkeren (on.ww.)	parkovat se	[parkovat sɛ]
parkeren (ov.ww.)	parkovat	[parkovat]
parking (de)	parkoviště (s)	[parkovɪʃte]
metro (de)	metro (s)	[mɛtro]
halte (bijv. kleine treinhalte)	stanice (ž)	[stanɪtsɛ]
de metro nemen	jet metrem	[jɛt mɛtrɛm]
trein (de)	vlak (m)	[vlak]
station (treinstation)	nádraží (s)	[na:draʒi:]

28. Stad. Het leven in de stad

stad (de)	město (s)	[mnesto]
hoofdstad (de)	hlavní město (s)	[hlavni: mnesto]
dorp (het)	venkov (m)	[vɛŋkof]

plattegrond (de)	plán (m) města	[plaːn mnesta]
centrum (ov. een stad)	střed (m) města	[strʃɛd mnesta]
voorstad (de)	předměstí (s)	[prʃɛdmnesti:]
voorstads- (abn)	předměstský	[prʃɛdmnestski:]

randgemeente (de)	okraj (m)	[okraj]
omgeving (de)	okolí (s)	[okoli:]
blok (huizenblok)	čtvrť (ž)	[tʃtvrtʲ]
woonwijk (de)	obytná čtvrť (ž)	[obɪtnaː tʃtvrtʲ]

verkeer (het)	provoz (m)	[provoz]
verkeerslicht (het)	semafor (m)	[sɛmafor]
openbaar vervoer (het)	městská doprava (ž)	[mnestska: doprava]
kruispunt (het)	křižovatka (ž)	[krʃɪʒovatka]

zebrapad (oversteekplaats)	přechod (m)	[prʃɛxot]
onderdoorgang (de)	podchod (m)	[podxot]
oversteken (de straat ~)	přecházet	[prʃɛxa:zɛt]
voetganger (de)	chodec (m)	[xodɛts]
trottoir (het)	chodník (m)	[xodni:k]

brug (de)	most (m)	[most]
dijk (de)	nábřeží (s)	[na:brʒɛʒi:]
fontein (de)	fontána (ž)	[fonta:na]

allee (de)	alej (ž)	[alɛj]
park (het)	park (m)	[park]
boulevard (de)	bulvár (m)	[bulva:r]
plein (het)	náměstí (s)	[na:mnesti:]
laan (de)	třída (ž)	[trʃi:da]
straat (de)	ulice (ž)	[ulɪtsɛ]
zijstraat (de)	boční ulice (ž)	[botʃni: ulɪtsɛ]
doodlopende straat (de)	slepá ulice (ž)	[slɛpa: ulɪtsɛ]

huis (het)	dům (m)	[du:m]
gebouw (het)	budova (ž)	[budova]
wolkenkrabber (de)	mrakodrap (m)	[mrakodrap]

gevel (de)	fasáda (ž)	[fasa:da]
dak (het)	střecha (ž)	[strʃɛxa]
venster (het)	okno (s)	[okno]
boog (de)	oblouk (m)	[oblouk]
pilaar (de)	sloup (m)	[sloup]
hoek (ov. een gebouw)	roh (m)	[rox]

vitrine (de)	výloha (ž)	[vi:loha]
gevelreclame (de)	vývěsní tabule (ž)	[vi:vesni: tabulɛ]
affiche (de/het)	plakát (m)	[plaka:t]
reclameposter (de)	reklamní plakát (m)	[rɛklamni: plaka:t]

aanplakbord (het)	billboard (m)	[bɪlboːrt]
vuilnis (de/het)	odpadky (m mn)	[otpatki:]
vuilnisbak (de)	popelnice (ž)	[popɛlnɪtsɛ]
afval weggooien (ww)	dělat smetí	[delat smɛti:]
stortplaats (de)	smetiště (s)	[smɛtɪʃtɛ]

telefooncel (de)	telefonní budka (ž)	[tɛlɛfonni: butka]
straatlicht (het)	pouliční svítilna (ž)	[poulɪtʃni: sviːtɪlna]
bank (de)	lavička (ž)	[lavɪtʃka]

politieagent (de)	policista (m)	[polɪtsɪsta]
politie (de)	policie (ž)	[polɪtsɪe]
zwerver (de)	žebrák (m)	[ʒebraːk]
dakloze (de)	bezdomovec (m)	[bɛzdomovɛts]

29. Stedelijke instellingen

winkel (de)	obchod (m)	[obxot]
apotheek (de)	lékárna (ž)	[lɛːkaːrna]
optiek (de)	oční optika (ž)	[otʃni: optɪka]
winkelcentrum (het)	obchodní středisko (s)	[obxodni: strʃɛdɪsko]
supermarkt (de)	supermarket (m)	[supɛrmarket]

bakkerij (de)	pekařství (s)	[pɛkarʃstvi:]
bakker (de)	pekař (m)	[pɛkarʃ]
banketbakkerij (de)	cukrárna (ž)	[tsukraːrna]
kruidenier (de)	smíšené zboží (s)	[smiʃɛnɛ: zboʒi:]
slagerij (de)	řeznictví (s)	[rʒɛznɪtstvi:]

| groentewinkel (de) | zelinářství (s) | [zɛlɪnaːrʃstvi:] |
| markt (de) | tržnice (ž) | [trʒnɪtsɛ] |

koffiehuis (het)	kavárna (ž)	[kavaːrna]
restaurant (het)	restaurace (ž)	[rɛstauratsɛ]
bar (de)	pivnice (ž)	[pɪvnɪtsɛ]
pizzeria (de)	pizzerie (ž)	[pɪtsɛrɪe]

kapperssalon (de/het)	holičství (s) a kadeřnictví	[holɪtʃstvi: a kadɛrʒnɪtstvi:]
postkantoor (het)	pošta (ž)	[poʃta]
stomerij (de)	čistírna (ž)	[tʃɪsti:rna]
fotostudio (de)	fotografický ateliér (m)	[fotografɪtski: atɛlɪeːr]

schoenwinkel (de)	obchod (m) s obuví	[obxot s obuvi:]
boekhandel (de)	knihkupectví (s)	[knɪxkupɛtstvi:]
sportwinkel (de)	sportovní potřeby (ž mn)	[sportovni: potrʃɛbɪ]

kledingreparatie (de)	opravna (ž) oděvů	[opravna odevu:]
kledingverhuur (de)	půjčovna (ž) oděvů	[puːjtʃovna odevu:]
videotheek (de)	půjčovna (ž) filmů	[puːjtʃovna fɪlmu:]

circus (de/het)	cirkus (m)	[tsɪrkus]
dierentuin (de)	zoologická zahrada (ž)	[zoologɪtska: zahrada]
bioscoop (de)	biograf (m)	[bɪograf]
museum (het)	muzeum (s)	[muzɛum]

bibliotheek (de)	knihovna (ž)	[knɪhovna]
theater (het)	divadlo (s)	[dɪvadlo]
opera (de)	opera (ž)	[opɛra]
nachtclub (de)	noční klub (m)	[notʃni: klup]
casino (het)	kasino (s)	[kasi:no]

moskee (de)	mešita (ž)	[mɛʃɪta]
synagoge (de)	synagóga (ž)	[sinago:ga]
kathedraal (de)	katedrála (ž)	[katɛdra:la]
tempel (de)	chrám (m)	[xra:m]
kerk (de)	kostel (m)	[kostɛl]

instituut (het)	vysoká škola (ž)	[vɪsoka: ʃkola]
universiteit (de)	univerzita (ž)	[unɪvɛrzɪta]
school (de)	škola (ž)	[ʃkola]

gemeentehuis (het)	prefektura (ž)	[prɛfɛktura]
stadhuis (het)	magistrát (m)	[magɪstra:t]
hotel (het)	hotel (m)	[hotɛl]
bank (de)	banka (ž)	[baŋka]

ambassade (de)	velvyslanectví (s)	[vɛlvɪslanɛtstvi:]
reisbureau (het)	cestovní kancelář (ž)	[tsɛstovni: kantsɛla:rʃ]
informatieloket (het)	informační kancelář (ž)	[ɪnformatʃni: kantsɛla:rʃ]
wisselkantoor (het)	směnárna (ž)	[smnena:rna]

| metro (de) | metro (s) | [mɛtro] |
| ziekenhuis (het) | nemocnice (ž) | [nɛmotsnɪtsɛ] |

| benzinestation (het) | benzínová stanice (ž) | [bɛnzi:nova: stanɪtsɛ] |
| parking (de) | parkoviště (s) | [parkovɪʃte] |

30. Borden

gevelreclame (de)	ukazatel (m) směru	[ukazatɛl smneru]
opschrift (het)	nápis (m)	[na:pɪs]
poster (de)	plakát (m)	[plaka:t]
wegwijzer (de)	ukazatel (m)	[ukazatɛl]
pijl (de)	šípka (ž)	[ʃi:pka]

waarschuwing (verwittiging)	varování (s)	[varova:ni:]
waarschuwingsbord (het)	výstraha (ž)	[vi:straha]
waarschuwen (ww)	upozorňovat	[upozorňovat]

vrije dag (de)	volný den (m)	[volni: dɛn]
dienstregeling (de)	jízdní řád (m)	[ji:zdni: rʒa:t]
openingsuren (mv.)	pracovní doba (ž)	[pratsovni: doba]

WELKOM!	VÍTEJTE!	[vi:tɛjtɛ]
INGANG	VCHOD	[vxot]
UITGANG	VÝCHOD	[vi:xot]

| DUWEN | TAM | [tam] |
| TREKKEN | SEM | [sɛm] |

OPEN	OTEVŘENO	[otɛvrʒɛno]
GESLOTEN	ZAVŘENO	[zavrʒɛno]

DAMES	ŽENY	[ʒenɪ]
HEREN	MUŽI	[muʒɪ]

KORTING	SLEVY	[slɛvɪ]
UITVERKOOP	VÝPRODEJ	[vi:prodɛj]
NIEUW!	NOVINKA!	[novɪŋka]
GRATIS	ZDARMA	[zdarma]

PAS OP!	POZOR!	[pozor]
VOLGEBOEKT	VOLNÁ MÍSTA NEJSOU	[volna: mi:sta nɛjsou]
GERESERVEERD	ZADÁNO	[zada:no]

ADMINISTRATIE	KANCELÁŘ	[kantsɛla:rʒ]
ALLEEN VOOR PERSONEEL	POUZE PRO PERSONÁL	[pouzɛ pro pɛrsona:l]

GEVAARLIJKE HOND	POZOR! ZLÝ PES	[pozor zli: pɛs]
VERBODEN TE ROKEN!	ZÁKAZ KOUŘENÍ	[za:kaz kourʒɛni:]
NIET AANRAKEN!	NEDOTÝKEJTE SE!	[nɛdoti:kɛjtɛ sɛ]

GEVAARLIJK	NEBEZPEČNÉ	[nɛbɛzpɛtʃnɛ:]
GEVAAR	NEBEZPEČÍ	[nɛbɛzpɛtʃi:]
HOOGSPANNING	VYSOKÉ NAPĚTÍ	[vɪsokɛ: napeti:]
VERBODEN TE ZWEMMEN	KOUPÁNÍ ZAKÁZÁNO	[koupa:ni: zaka:za:no]
BUITEN GEBRUIK	MIMO PROVOZ	[mɪmo provoz]

ONTVLAMBAAR	VYSOCE HOŘLAVÝ	[vɪsotsɛ horʒlavi:]
VERBODEN	ZÁKAZ	[za:kaz]
DOORGANG VERBODEN	PRŮCHOD ZAKÁZÁN	[pru:xot zaka:za:n]
OPGELET PAS GEVERFD	ČERSTVĚ NATŘENO	[tʃɛrstve natrʃɛno]

31. Winkelen

kopen (ww)	kupovat	[kupovat]
aankoop (de)	nákup (m)	[na:kup]
winkelen (ww)	dělat nákupy	[delat na:kupɪ]
winkelen (het)	nakupování (s)	[nakupova:ni:]

open zijn (ov. een winkel, enz.)	být otevřen	[bi:t otɛvrʒɛn]
gesloten zijn (ww)	být zavřen	[bi:t zavrʒɛn]

schoeisel (het)	obuv (ž)	[obuf]
kleren (mv.)	oblečení (s)	[oblɛtʃɛni:]
cosmetica (mv.)	kosmetika (ž)	[kosmɛtɪka]
voedingswaren (mv.)	potraviny (ž mn)	[potravɪnɪ]
geschenk (het)	dárek (m)	[da:rɛk]

verkoper (de)	prodavač (m)	[prodavatʃ]
verkoopster (de)	prodavačka (ž)	[prodavatʃka]
kassa (de)	pokladna (ž)	[pokladna]

spiegel (de)	zrcadlo (s)	[zr̩tsadlo]
toonbank (de)	pult (m)	[pult]
paskamer (de)	zkušební kabinka (ž)	[skuʃɛbni: kabɪŋka]

aanpassen (ww)	zkusit	[skusɪt]
passen (ov. kleren)	hodit se	[hodɪt sɛ]
bevallen (prettig vinden)	líbit se	[li:bɪt sɛ]

prijs (de)	cena (ž)	[tsɛna]
prijskaartje (het)	cenovka (ž)	[tsɛnofka]
kosten (ww)	stát	[sta:t]
Hoeveel?	Kolik?	[kolɪk]
korting (de)	sleva (ž)	[slɛva]

niet duur (bn)	levný	[lɛvni:]
goedkoop (bn)	levný	[lɛvni:]
duur (bn)	drahý	[drahi:]
Dat is duur.	To je drahé	[to jɛ drahɛ:]

verhuur (de)	půjčování (s)	[pu:jtʃova:ni:]
huren (smoking, enz.)	vypůjčit si	[vɪpu:jtʃɪt sɪ]
krediet (het)	úvěr (m)	[u:ver]
op krediet (bw)	na splátky	[na spla:tkɪ]

KLEDING EN ACCESSOIRES

32. Bovenkleding. Jassen

kleren (mv.)	oblečení (s)	[oblɛtʃɛni:]
bovenkleding (de)	svrchní oděv (m)	[svrxni: odef]
winterkleding (de)	zimní oděv (m)	[zɪmni: odef]
jas (de)	kabát (m)	[kaba:t]
bontjas (de)	kožich (m)	[koʒɪx]
bontjasje (het)	krátký kožich (m)	[kra:tki: koʒɪx]
donzen jas (de)	peřová bunda (ž)	[pɛrʒova: bunda]
jasje (bijv. een leren ~)	bunda (ž)	[bunda]
regenjas (de)	plášť (m)	[pla:ʃtʲ]
waterdicht (bn)	nepromokavý	[nɛpromokavi:]

33. Heren & dames kleding

overhemd (het)	košile (ž)	[koʃɪlɛ]
broek (de)	kalhoty (ž mn)	[kalhotɪ]
jeans (de)	džínsy (m mn)	[dʒi:nsɪ]
colbert (de)	sako (s)	[sako]
kostuum (het)	pánský oblek (m)	[pa:nski: oblɛk]
jurk (de)	šaty (m mn)	[ʃatɪ]
rok (de)	sukně (ž)	[suknɛ]
blouse (de)	blůzka (ž)	[blu:ska]
wollen vest (de)	svetr (m)	[svɛtr]
blazer (kort jasje)	žaket (m)	[ʒakɛt]
T-shirt (het)	tričko (s)	[trɪtʃko]
shorts (mv.)	šortky (ž mn)	[ʃortkɪ]
trainingspak (het)	tepláková souprava (ž)	[tɛpla:kova: souprava]
badjas (de)	župan (m)	[ʒupan]
pyjama (de)	pyžamo (s)	[piʒamo]
sweater (de)	svetr (m)	[svɛtr]
pullover (de)	pulovr (m)	[pulovr]
gilet (het)	vesta (ž)	[vɛsta]
rokkostuum (het)	frak (m)	[frak]
smoking (de)	smoking (m)	[smokɪŋk]
uniform (het)	uniforma (ž)	[unɪforma]
werkkleding (de)	pracovní oděv (m)	[pratsovni: odef]
overall (de)	kombinéza (ž)	[kombɪnɛ:za]
doktersjas (de)	plášť (m)	[pla:ʃtʲ]

34. Kleding. Ondergoed

ondergoed (het)	spodní prádlo (s)	[spodni: pra:dlo]
onderhemd (het)	tílko (s)	[tilko]
sokken (mv.)	ponožky (ž mn)	[ponoʃkɪ]

nachthemd (het)	noční košile (ž)	[notʃni: koʃɪlɛ]
beha (de)	podprsenka (ž)	[potprsɛŋka]
kniekousen (mv.)	podkolenky (ž mn)	[potkolɛŋkɪ]
panty (de)	punčochové kalhoty (ž mn)	[puntʃoxovɛ: kalgotɪ]
nylonkousen (mv.)	punčochy (ž mn)	[puntʃoxɪ]
badpak (het)	plavky (ž mn)	[plafkɪ]

35. Hoofddeksels

hoed (de)	čepice (ž)	[tʃɛpɪtsɛ]
deukhoed (de)	klobouk (m)	[klobouk]
honkbalpet (de)	kšiltovka (ž)	[kʃɪltofka]
kleppet (de)	čepice (ž)	[tʃɛpɪtsɛ]

baret (de)	baret (m)	[barɛt]
kap (de)	kapuce (ž)	[kaputsɛ]
panamahoed (de)	panamský klobouk (m)	[panamski: klobouk]
gebreide muts (de)	pletená čepice (ž)	[plɛtɛna: tʃɛpɪtsɛ]

hoofddoek (de)	šátek (m)	[ʃa:tɛk]
dameshoed (de)	klobouček (m)	[kloboutʃɛk]

veiligheidshelm (de)	přilba (ž)	[prʃɪlba]
veldmuts (de)	lodička (ž)	[lodɪtʃka]
helm, valhelm (de)	helma (ž)	[hɛlma]

bolhoed (de)	tvrďák (m)	[tvrdʲa:k]
hoge hoed (de)	válec (m)	[va:lɛts]

36. Schoeisel

schoeisel (het)	obuv (ž)	[obuʃ]
schoenen (mv.)	boty (ž mn)	[botɪ]
vrouwenschoenen (mv.)	střevíce (m mn)	[strʃevi:tsɛ]
laarzen (mv.)	holínky (ž mn)	[holi:ŋkɪ]
pantoffels (mv.)	bačkory (ž mn)	[batʃkorɪ]

sportschoenen (mv.)	tenisky (ž mn)	[tɛnɪskɪ]
sneakers (mv.)	kecky (ž mn)	[kɛtskɪ]
sandalen (mv.)	sandály (m mn)	[sanda:lɪ]

schoenlapper (de)	obuvník (m)	[obuvni:k]
hiel (de)	podpatek (m)	[potpatɛk]
paar (een ~ schoenen)	pár (m)	[pa:r]
veter (de)	tkanička (ž)	[tkanɪtʃka]

rijgen (schoenen ~)	šněrovat	[ʃnerovat]
schoenlepel (de)	lžíce (ž) na boty	[ʎʒi:tsɛ na botɪ]
schoensmeer (de/het)	krém (m) na boty	[krɛ:m na botɪ]

37. Persoonlijke accessoires

handschoenen (mv.)	rukavice (ž mn)	[rukavɪtsɛ]
wanten (mv.)	palčáky (m mn)	[palt͡ʃa:kɪ]
sjaal (fleece ~)	šála (ž)	[ʃa:la]

bril (de)	brýle (ž mn)	[bri:lɛ]
brilmontuur (het)	obroučky (m mn)	[obrout͡ʃkɪ]
paraplu (de)	deštník (m)	[dɛʃtni:k]
wandelstok (de)	hůl (ž)	[hu:l]
haarborstel (de)	kartáč (m) na vlasy	[karta:t͡ʃ na vlasɪ]
waaier (de)	vějíř (m)	[veji:rʃ]

das (de)	kravata (ž)	[kravata]
strikje (het)	motýlek (m)	[moti:lɛk]
bretels (mv.)	šle (ž mn)	[ʃlɛ]
zakdoek (de)	kapesník (m)	[kapesni:k]

kam (de)	hřeben (m)	[hrʒɛbɛn]
haarspeldje (het)	sponka (ž)	[spoŋka]
schuifspeldje (het)	vlásnička (ž)	[vla:snɪt͡ʃka]
gesp (de)	spona (ž)	[spona]

| broekriem (de) | pás (m) | [pa:s] |
| draagriem (de) | řemen (m) | [rʒɛmɛn] |

handtas (de)	taška (ž)	[taʃka]
damestas (de)	kabelka (ž)	[kabɛlka]
rugzak (de)	batoh (m)	[batox]

38. Kleding. Diversen

mode (de)	móda (ž)	[mo:da]
de mode (bn)	módní	[mo:dni:]
kledingstilist (de)	modelář (m)	[modɛla:rʃ]

kraag (de)	límec (m)	[li:mɛts]
zak (de)	kapsa (ž)	[kapsa]
zak- (abn)	kapesní	[kapɛsni:]
mouw (de)	rukáv (m)	[ruka:f]
lusje (het)	poutko (s)	[poutko]
gulp (de)	poklopec (m)	[poklopɛts]

rits (de)	zip (m)	[zɪp]
sluiting (de)	spona (ž)	[spona]
knoop (de)	knoflík (m)	[knofli:k]
knoopsgat (het)	knoflíková dírka (ž)	[knofli:kova: di:rka]
losraken (bijv. knopen)	utrhnout se	[utrhnout sɛ]

naaien (kleren, enz.)	šít	[ʃi:t]
borduren (ww)	vyšívat	[vɪʃi:vat]
borduursel (het)	výšivka (ž)	[vi:ʃɪfka]
naald (de)	jehla (ž)	[jɛhla]
draad (de)	nit (ž)	[nɪt]
naad (de)	šev (m)	[ʃɛf]

vies worden (ww)	ušpinit se	[uʃpɪnɪt sɛ]
vlek (de)	skvrna (ž)	[skvrna]
gekreukt raken (ov. kleren)	pomačkat se	[pomatʃkat sɛ]
scheuren (ov.ww.)	roztrhat	[roztrhat]
mot (de)	mol (m)	[mol]

39. Persoonlijke verzorging. Schoonheidsmiddelen

tandpasta (de)	zubní pasta (ž)	[zubni: pasta]
tandenborstel (de)	kartáček (m) na zuby	[karta:tʃɛk na zubɪ]
tanden poetsen (ww)	čistit si zuby	[tʃɪstɪt sɪ zubɪ]

scheermes (het)	holicí strojek (m)	[holɪtsi: strojɛk]
scheerschuim (het)	krém (m) na holení	[krɛ:m na holɛni:]
zich scheren (ww)	holit se	[holɪt sɛ]

zeep (de)	mýdlo (s)	[mi:dlo]
shampoo (de)	šampon (m)	[ʃampon]

schaar (de)	nůžky (ž mn)	[nu:ʃkɪ]
nagelvijl (de)	pilník (m) na nehty	[pɪlni:k na nɛxtɪ]
nagelknipper (de)	kleštičky (ž mn) na nehty	[klɛʃtɪtʃkɪ na nɛxtɪ]
pincet (het)	pinzeta (ž)	[pɪnzeta]

cosmetica (mv.)	kosmetika (ž)	[kosmɛtɪka]
masker (het)	kosmetická maska (ž)	[kosmɛtɪtska: maska]
manicure (de)	manikúra (ž)	[manɪku:ra]
manicure doen	dělat manikúru	[delat manɪku:ru]
pedicure (de)	pedikúra (ž)	[pɛdɪku:ra]

cosmetica tasje (het)	kosmetická kabelka (ž)	[kosmɛtɪtska: kabɛlka]
poeder (de/het)	pudr (m)	[pudr]
poederdoos (de)	pudřenka (ž)	[pudrʒɛŋka]
rouge (de)	červené líčidlo (s)	[tʃɛrvɛnɛ: li:tʃɪdlo]

parfum (de/het)	voňavka (ž)	[vonʲafka]
eau de toilet (de)	toaletní voda (ž)	[toalɛtni: voda]
lotion (de)	pleťová voda (ž)	[plɛtʲova: voda]
eau de cologne (de)	kolínská voda (ž)	[koli:nska: voda]

oogschaduw (de)	oční stíny (m mn)	[otʃni: sti:nɪ]
oogpotlood (het)	tužka (ž) na oči	[tuʃka na otʃɪ]
mascara (de)	řasenka (ž)	[rʒasɛŋka]

lippenstift (de)	rtěnka (ž)	[rtɛŋka]
nagellak (de)	lak (m) na nehty	[lak na nɛxtɪ]
haarlak (de)	lak (m) na vlasy	[lak na vlasɪ]

deodorant (de)	deodorant (m)	[dɛodorant]
crème (de)	krém (m)	[krɛ:m]
gezichtscrème (de)	pleťový krém (m)	[plɛtʲovi: krɛ:m]
handcrème (de)	krém (m) na ruce	[krɛ:m na ruʦɛ]
antirimpelcrème (de)	krém (m) proti vráskám	[krɛ:m protɪ vra:ska:m]
dag- (abn)	denní	[dɛnni:]
nacht- (abn)	noční	[notʃni:]

tampon (de)	tampón (m)	[tampo:n]
toiletpapier (het)	toaletní papír (m)	[toalɛtni: papi:r]
föhn (de)	fén (m)	[fɛ:n]

40. Horloges. Klokken

polshorloge (het)	hodinky (ž mn)	[hodɪŋkɪ]
wijzerplaat (de)	ciferník (m)	[ʦɪfɛrni:k]
wijzer (de)	ručička (ž)	[rutʃɪtʃka]
metalen horlogeband (de)	náramek (m)	[na:ramɛk]
horlogebandje (het)	pásek (m)	[pa:sɛk]

batterij (de)	baterka (ž)	[batɛrka]
leeg zijn (ww)	vybít se	[vɪbi:t sɛ]
batterij vervangen	vyměnit baterku	[vɪmnenɪt batɛrku]
voorlopen (ww)	jít napřed	[ji:t naprʃɛt]
achterlopen (ww)	opožďovat se	[opoʒdʲovat sɛ]

wandklok (de)	nástěnné hodiny (ž mn)	[na:stɛnnɛ: hodɪnɪ]
zandloper (de)	přesýpací hodiny (ž mn)	[prʃɛsi:paʦi: hodɪnɪ]
zonnewijzer (de)	sluneční hodiny (ž mn)	[slunɛtʃni: hodɪnɪ]
wekker (de)	budík (m)	[budi:k]
horlogemaker (de)	hodinář (m)	[hodɪna:rʃ]
repareren (ww)	opravovat	[opravovat]

ALLEDAAGSE ERVARING

41. Geld

geld (het)	**peníze** (m mn)	[pɛniːzɛ]
ruil (de)	**výměna** (ž)	[viːmnena]
koers (de)	**kurz** (m)	[kurs]
geldautomaat (de)	**bankomat** (m)	[baŋkomat]
muntstuk (de)	**mince** (ž)	[mɪnt͡sɛ]
dollar (de)	**dolar** (m)	[dolar]
euro (de)	**euro** (s)	[ɛuro]
lire (de)	**lira** (ž)	[lɪra]
Duitse mark (de)	**marka** (ž)	[marka]
frank (de)	**frank** (m)	[fraŋk]
pond sterling (het)	**libra** (ž) **šterlinků**	[lɪbra ʃtɛrlɪŋkuː]
yen (de)	**jen** (m)	[jɛn]
schuld (geldbedrag)	**dluh** (m)	[dlux]
schuldenaar (de)	**dlužník** (m)	[dluʒniːk]
uitlenen (ww)	**půjčit**	[puːjt͡ʃɪt]
lenen (geld ~)	**půjčit si**	[puːjt͡ʃɪt sɪ]
bank (de)	**banka** (ž)	[baŋka]
bankrekening (de)	**účet** (m)	[uːt͡ʃɛt]
op rekening storten	**uložit na účet**	[uloʒɪt na uːt͡ʃɛt]
opnemen (ww)	**vybrat z účtu**	[vɪbrat s uːt͡ʃtu]
kredietkaart (de)	**kreditní karta** (ž)	[krɛdɪtniː karta]
baar geld (het)	**hotové peníze** (m mn)	[hotovɛː pɛniːzɛ]
cheque (de)	**šek** (m)	[ʃɛk]
een cheque uitschrijven	**vystavit šek**	[vɪstavɪt ʃɛk]
chequeboekje (het)	**šeková knížka** (ž)	[ʃɛkova kniːʃka]
portefeuille (de)	**náprsní taška** (ž)	[naːprsniː taʃka]
geldbeugel (de)	**peněženka** (ž)	[pɛneʒeŋka]
safe (de)	**trezor** (m)	[trɛzor]
erfgenaam (de)	**dědic** (m)	[dedɪt͡s]
erfenis (de)	**dědictví** (s)	[dedɪt͡stviː]
fortuin (het)	**majetek** (m)	[majɛtɛk]
huur (de)	**nájem** (m)	[naːjɛm]
huurprijs (de)	**činže** (ž)	[t͡ʃɪnʒe]
huren (huis, kamer)	**pronajímat si**	[pronajiːmat sɪ]
prijs (de)	**cena** (ž)	[t͡sɛna]
kostprijs (de)	**cena** (ž)	[t͡sɛna]
som (de)	**částka** (ž)	[t͡ʃaːstka]

uitgeven (geld besteden)	utrácet	[utra:tsɛt]
kosten (mv.)	náklady (m mn)	[na:kladɪ]
bezuinigen (ww)	šetřit	[ʃɛtrʃɪt]
zuinig (bn)	úsporný	[u:sporni:]

betalen (ww)	platit	[platɪt]
betaling (de)	platba (ž)	[platba]
wisselgeld (het)	peníze (m mn) nazpět	[pɛni:zɛ naspet]

belasting (de)	daň (ž)	[danʲ]
boete (de)	pokuta (ž)	[pokuta]
beboeten (bekeuren)	pokutovat	[pokutovat]

42. Post. Postkantoor

postkantoor (het)	pošta (ž)	[poʃta]
post (de)	pošta (ž)	[poʃta]
postbode (de)	listonoš (m)	[lɪstonoʃ]
openingsuren (mv.)	pracovní doba (ž)	[pratsovni: doba]

brief (de)	dopis (m)	[dopɪs]
aangetekende brief (de)	doporučený dopis (m)	[doporutʃɛni: dopɪs]
briefkaart (de)	pohlednice (ž)	[pohlɛdnɪtsɛ]
telegram (het)	telegram (m)	[tɛlɛgram]
postpakket (het)	balík (m)	[bali:k]
overschrijving (de)	peněžní poukázka (ž)	[pɛneʒni: pouka:ska]

ontvangen (ww)	dostat	[dostat]
sturen (zenden)	odeslat	[odɛslat]
verzending (de)	odeslání (s)	[odɛsla:ni:]
adres (het)	adresa (ž)	[adrɛsa]
postcode (de)	poštovní směrovací číslo (s)	[poʃtovni: smnerovatsi: tʃi:slo]
verzender (de)	odesílatel (m)	[odɛsi:latɛl]
ontvanger (de)	příjemce (m)	[prʃi:jɛmtsɛ]

naam (de)	jméno (s)	[jmɛ:no]
achternaam (de)	příjmení (s)	[prʃi:jmɛni:]
tarief (het)	tarif (m)	[tarɪf]
standaard (bn)	obyčejný	[obɪtʃɛjni:]
zuinig (bn)	zlevněný	[zlɛvneni:]

gewicht (het)	váha (ž)	[va:ha]
afwegen (op de weegschaal)	vážit	[va:ʒɪt]
envelop (de)	obálka (ž)	[oba:lka]
postzegel (de)	známka (ž)	[zna:mka]
een postzegel plakken op	nalepovat známku	[nalɛpovat zna:mku]

43. Bankieren

bank (de)	banka (ž)	[baŋka]
bankfiliaal (het)	pobočka (ž)	[pobotʃka]

| bankbediende (de) | konzultant (m) | [konzultant] |
| manager (de) | správce (m) | [spra:vɪsɛ] |

bankrekening (de)	účet (m)	[u:ʧɛt]
rekeningnummer (het)	číslo (s) účtu	[ʧi:slo u:ʧtu]
lopende rekening (de)	běžný účet (m)	[beʒni: u:ʧɛt]
spaarrekening (de)	spořitelní účet (m)	[sporʒɪtɛlni: u:ʧɛt]

een rekening openen	založit účet	[zaloʒɪt u:ʧɛt]
de rekening sluiten	uzavřít účet	[uzavrʒi:t u:ʧɛt]
op rekening storten	uložit na účet	[uloʒɪt na u:ʧɛt]
opnemen (ww)	vybrat z účtu	[vɪbrat s u:ʧtu]

storting (de)	vklad (m)	[fklat]
een storting maken	uložit vklad	[uloʒɪt fklat]
overschrijving (de)	převod (m)	[prʃɛvot]
een overschrijving maken	převést	[prʃɛvɛ:st]

| som (de) | částka (ž) | [ʧa:stka] |
| Hoeveel? | Kolik? | [kolɪk] |

| handtekening (de) | podpis (m) | [potpɪs] |
| ondertekenen (ww) | podepsat | [podɛpsat] |

kredietkaart (de)	kreditní karta (ž)	[krɛdɪtni: karta]
code (de)	kód (m)	[ko:t]
kredietkaartnummer (het)	číslo (s) kreditní karty	[ʧi:slo krɛdɪtni: kartɪ]
geldautomaat (de)	bankomat (m)	[baŋkomat]

cheque (de)	šek (m)	[ʃɛk]
een cheque uitschrijven	vystavit šek	[vɪstavɪt ʃɛk]
chequeboekje (het)	šeková knížka (ž)	[ʃɛkova: kni:ʃka]

lening, krediet (de)	úvěr (m)	[u:ver]
een lening aanvragen	žádat o úvěr	[ʒa:dat o u:ver]
een lening nemen	brát na úvěr	[bra:t na u:ver]
een lening verlenen	poskytovat úvěr	[poskɪtovat u:ver]
garantie (de)	kauce (ž)	[kauʦɛ]

44. Telefoon. Telefoongesprek

telefoon (de)	telefon (m)	[tɛlɛfon]
mobieltje (het)	mobilní telefon (m)	[mobɪlni: tɛlɛfon]
antwoordapparaat (het)	záznamník (m)	[za:znamni:k]

| bellen (ww) | volat | [volat] |
| belletje (telefoontje) | hovor (m), volání (s) | [hovor], [vola:ni:] |

een nummer draaien	vytočit číslo	[vɪtoʧɪt ʧi:slo]
Hallo!	Prosím!	[prosi:m]
vragen (ww)	zeptat se	[zɛptat sɛ]
antwoorden (ww)	odpovědět	[otpovedet]
horen (ww)	slyšet	[slɪʃɛt]
goed (bw)	dobře	[dobrʒɛ]

| slecht (bw) | špatně | [ʃpatne] |
| storingen (mv.) | poruchy (ž mn) | [poruxɪ] |

hoorn (de)	sluchátko (s)	[sluxa:tko]
opnemen (ww)	vzít sluchátko	[vzi:t sluxa:tko]
ophangen (ww)	zavěsit sluchátko	[zavesɪt sluxa:tko]

bezet (bn)	obsazeno	[opsazɛno]
overgaan (ww)	zvonit	[zvonɪt]
telefoonboek (het)	telefonní seznam (m)	[tɛlɛfonni: sɛznam]

lokaal (bn)	místní	[mi:stni:]
interlokaal (bn)	dálkový	[da:lkovi:]
buitenlands (bn)	mezinárodní	[mɛzɪna:rodni:]

45. Mobiele telefoon

mobieltje (het)	mobilní telefon (m)	[mobɪlni: tɛlɛfon]
scherm (het)	displej (m)	[dɪsplɛj]
toets, knop (de)	tlačítko (s)	[tlatʃi:tko]
simkaart (de)	SIM karta (ž)	[sɪm karta]

batterij (de)	baterie (ž)	[batɛrɪe]
leeg zijn (ww)	vybít se	[vɪbi:t sɛ]
acculader (de)	nabíječka (ž)	[nabi:jɛtʃka]

menu (het)	nabídka (ž)	[nabi:tka]
instellingen (mv.)	nastavení (s)	[nastavɛni:]
melodie (beltoon)	melodie (ž)	[mɛlodɪe]
selecteren (ww)	vybrat	[vɪbrat]

rekenmachine (de)	kalkulačka (ž)	[kalkulatʃka]
voicemail (de)	hlasová schránka (ž)	[hlasova: sxra:ŋka]
wekker (de)	budík (m)	[budi:k]
contacten (mv.)	telefonní seznam (m)	[tɛlɛfonni: sɛznam]

| SMS-bericht (het) | SMS zpráva (ž) | [ɛsɛmɛs spra:va] |
| abonnee (de) | účastník (m) | [u:tʃastni:k] |

46. Schrijfbehoeften

| balpen (de) | pero (s) | [pɛro] |
| vulpen (de) | plnicí pero (s) | [plnɪtsi: pɛro] |

potlood (het)	tužka (ž)	[tuʃka]
marker (de)	značkovač (m)	[znatʃkovatʃ]
viltstift (de)	fix (m)	[fɪks]

notitieboekje (het)	notes (m)	[notɛs]
agenda (boekje)	diář (m)	[dɪa:rʃ]
liniaal (de/het)	pravítko (s)	[pravi:tko]
rekenmachine (de)	kalkulačka (ž)	[kalkulatʃka]

gom (de)	**guma** (ž)	[guma]
punaise (de)	**napínáček** (m)	[napiːnaːʧɛk]
paperclip (de)	**svorka** (ž)	[svorka]

lijm (de)	**lepidlo** (s)	[lɛpɪdlo]
nietmachine (de)	**sešívačka** (ž)	[sɛʃiːvaʧka]
perforator (de)	**dírkovačka** (ž)	[diːrkovaʧka]
potloodslijper (de)	**ořezávátko** (s)	[orʒɛzaːvaːtko]

47. Vreemde talen

taal (de)	**jazyk** (m)	[jazɪk]
vreemde taal (de)	**cizí jazyk** (m)	[ʦɪziː jazɪk]
leren (bijv. van buiten ~)	**studovat**	[studovat]
studeren (Nederlands ~)	**učit se**	[uʧɪt sɛ]

lezen (ww)	**číst**	[ʧiːst]
spreken (ww)	**mluvit**	[mluvɪt]
begrijpen (ww)	**rozumět**	[rozumnet]
schrijven (ww)	**psát**	[psaːt]

snel (bw)	**rychle**	[rɪxlɛ]
langzaam (bw)	**pomalu**	[pomalu]
vloeiend (bw)	**plynně**	[plɪnne]

regels (mv.)	**pravidla** (s mn)	[pravɪdla]
grammatica (de)	**mluvnice** (ž)	[mluvnɪʦɛ]
vocabulaire (het)	**slovní zásoba** (ž)	[slovniː zaːsoba]
fonetiek (de)	**hláskosloví** (s)	[hlaːskosloviː]

leerboek (het)	**učebnice** (ž)	[uʧɛbnɪʦɛ]
woordenboek (het)	**slovník** (m)	[slovniːk]
leerboek (het) voor zelfstudie	**učebnice** (ž) **pro samouky**	[uʧɛbnɪʦɛ pro samoukɪ]
taalgids (de)	**konverzace** (ž)	[konvɛrzaʦɛ]

cassette (de)	**kazeta** (ž)	[kazɛta]
videocassette (de)	**videokazeta** (ž)	[vɪdɛokazɛta]
CD (de)	**CD disk** (m)	[ʦɛːdɛː dɪsk]
DVD (de)	**DVD** (s)	[dɛvɛdɛ]

alfabet (het)	**abeceda** (ž)	[abɛʦɛda]
spellen (ww)	**hláskovat**	[hlaːskovat]
uitspraak (de)	**výslovnost** (ž)	[viːslovnost]

accent (het)	**cizí přízvuk** (m)	[ʦɪziː prʃiːzvuk]
met een accent (bw)	**s cizím přízvukem**	[s ʦɪziːm prʃiːzvukɛm]
zonder accent (bw)	**bez cizího přízvuku**	[bɛz ʦɪziːho prʃiːzvuku]

woord (het)	**slovo** (s)	[slovo]
betekenis (de)	**smysl** (m)	[smɪsl]

cursus (de)	**kurzy** (m mn)	[kurzɪ]
zich inschrijven (ww)	**zapsat se**	[zapsat sɛ]
leraar (de)	**vyučující** (m)	[vɪuʧujiːʦi]

vertaling (een ~ maken)	překlad (m)	[prʃɛklat]
vertaling (tekst)	překlad (m)	[prʃɛklat]
vertaler (de)	překladatel (m)	[prʃɛkladatɛl]
tolk (de)	tlumočník (m)	[tlumotʃni:k]

| polyglot (de) | polyglot (m) | [polɪglot] |
| geheugen (het) | paměť (ž) | [pamnetʲ] |

MAALTIJDEN. RESTAURANT

48. Tafelschikking

lepel (de)	lžíce (ž)	[ʒiːʦɛ]
mes (het)	nůž (m)	[nuːʃ]
vork (de)	vidlička (ž)	[vɪdlɪʧka]
kopje (het)	šálek (m)	[ʃaːlɛk]
bord (het)	talíř (m)	[taliːrʃ]
schoteltje (het)	talířek (m)	[taliːrʒɛk]
servet (het)	ubrousek (m)	[ubrousɛk]
tandenstoker (de)	párátko (s)	[paːraːtko]

49. Restaurant

restaurant (het)	restaurace (ž)	[rɛstauraʦɛ]
koffiehuis (het)	kavárna (ž)	[kavaːrna]
bar (de)	bar (m)	[bar]
tearoom (de)	čajovna (ž)	[ʧajovna]
kelner, ober (de)	číšník (m)	[ʧiːʃniːk]
serveerster (de)	číšnice (ž)	[ʧiːʃnɪʦɛ]
barman (de)	barman (m)	[barman]
menu (het)	jídelní lístek (m)	[jiːdɛlni: liːstɛk]
wijnkaart (de)	nápojový lístek (m)	[naːpojovi: liːstɛk]
een tafel reserveren	rezervovat stůl	[rɛzɛrvovat stuːl]
gerecht (het)	jídlo (s)	[jiːdlo]
bestellen (eten ~)	objednat si	[objɛdnat sɪ]
een bestelling maken	objednat si	[objɛdnat sɪ]
aperitief (de/het)	aperitiv (m)	[apɛrɪtɪf]
voorgerecht (het)	předkrm (m)	[prʃɛtkrm]
dessert (het)	desert (m)	[dɛsɛrt]
rekening (de)	účet (m)	[uːʧet]
de rekening betalen	zaplatit účet	[zaplatɪt uːʧet]
wisselgeld teruggeven	dát nazpátek	[daːt naspaːtɛk]
fooi (de)	spropitné (s)	[spropɪtnɛ:]

50. Maaltijden

eten (het)	jídlo (s)	[jiːdlo]
eten (ww)	jíst	[jiːst]

ontbijt (het)	snídaně (ž)	[sni:dane]
ontbijten (ww)	snídat	[sni:dat]
lunch (de)	oběd (m)	[obet]
lunchen (ww)	obědvat	[obedvat]
avondeten (het)	večeře (ž)	[vɛtʃɛrʒɛ]
souperen (ww)	večeřet	[vɛtʃɛrʒɛt]

eetlust (de)	chuť (ž) k jídlu	[xutʲ k ji:dlu]
Eet smakelijk!	Dobrou chuť!	[dobrou xutʲ]

openen (een fles ~)	otvírat	[otvi:rat]
morsen (koffie, enz.)	rozlít	[rozli:t]
zijn gemorst	rozlít se	[rozli:t sɛ]

koken (water kookt bij 100°C)	vřít	[vrʒi:t]
koken (Hoe om water te ~)	vařit	[varʒɪt]
gekookt (~ water)	svařený	[svarʒɛni:]
afkoelen (koeler maken)	ochladit	[oxladɪt]
afkoelen (koeler worden)	ochlazovat se	[oxlazovat sɛ]

smaak (de)	chuť (ž)	[xutʲ]
nasmaak (de)	příchuť (ž)	[prʃi:xutʲ]

volgen een dieet	držet dietu	[drʒet dɪetu]
dieet (het)	dieta (ž)	[dɪeta]
vitamine (de)	vitamín (m)	[vɪtami:n]
calorie (de)	kalorie (ž)	[kalorɪe]
vegetariër (de)	vegetarián (m)	[vɛgɛtarɪa:n]
vegetarisch (bn)	vegetariánský	[vɛgɛtarɪa:nski:]

vetten (mv.)	tuky (m)	[tukɪ]
eiwitten (mv.)	bílkoviny (ž)	[bi:lkovɪnɪ]
koolhydraten (mv.)	karbohydráty (mn)	[karbohɪdrati:]
snede (de)	plátek (m)	[pla:tɛk]
stuk (bijv. een ~ taart)	kousek (m)	[kousɛk]
kruimel (de)	drobek (m)	[drobɛk]

51. Bereide gerechten

gerecht (het)	jídlo (s)	[ji:dlo]
keuken (bijv. Franse ~)	kuchyně (ž)	[kuxɪne]
recept (het)	recept (m)	[rɛtsɛpt]
portie (de)	porce (ž)	[portsɛ]

salade (de)	salát (m)	[sala:t]
soep (de)	polévka (ž)	[polɛ:fka]

bouillon (de)	vývar (m)	[vi:var]
boterham (de)	obložený chlebíček (m)	[obloʒeni: xlɛbi:tʃɛk]
spiegelei (het)	míchaná vejce (s mn)	[mi:xana: vɛjtsɛ]

hamburger (de)	hamburger (m)	[hamburgɛr]
biefstuk (de)	biftek (m)	[bɪftɛk]
garnering (de)	příloha (ž)	[prʃi:loha]

spaghetti (de)	spagety (m mn)	[spagɛtɪ]
aardappelpuree (de)	bramborová kaše (ž)	[bramborova: kaʃɛ]
pizza (de)	pizza (ž)	[pɪtsa]
pap (de)	kaše (ž)	[kaʃɛ]
omelet (de)	omeleta (ž)	[omɛlɛta]

gekookt (in water)	vařený	[varʒɛni:]
gerookt (bn)	uzený	[uzɛni:]
gebakken (bn)	smažený	[smaʒeni:]
gedroogd (bn)	sušený	[suʃɛni:]
diepvries (bn)	zmražený	[zmraʒeni:]
gemarineerd (bn)	marinovaný	[marɪnovani:]

zoet (bn)	sladký	[slatki:]
gezouten (bn)	slaný	[slani:]
koud (bn)	studený	[studɛni:]
heet (bn)	teplý	[tɛpli:]
bitter (bn)	hořký	[horʃki:]
lekker (bn)	chutný	[xutni:]

koken (in kokend water)	vařit	[varʒɪt]
bereiden (avondmaaltijd ~)	vařit	[varʒɪt]
bakken (ww)	smažit	[smaʒɪt]
opwarmen (ww)	ohřívat	[ohrʒi:vat]

zouten (ww)	solit	[solɪt]
peperen (ww)	pepřit	[pɛprʃɪt]
raspen (ww)	strouhat	[strouhat]
schil (de)	slupka (ž)	[slupka]
schillen (ww)	loupat	[loupat]

52. Voedsel

vlees (het)	maso (s)	[maso]
kip (de)	slepice (ž)	[slɛpɪtsɛ]
kuiken (het)	kuře (s)	[kurʒɛ]
eend (de)	kachna (ž)	[kaxna]
gans (de)	husa (ž)	[husa]
wild (het)	zvěřina (ž)	[zverʒɪna]
kalkoen (de)	krůta (ž)	[kru:ta]

varkensvlees (het)	vepřové (s)	[vɛprʃovɛ:]
kalfsvlees (het)	telecí (s)	[tɛlɛtsi:]
schapenvlees (het)	skopové (s)	[skopovɛ:]
rundvlees (het)	hovězí (s)	[hovezi:]
konijnenvlees (het)	králík (m)	[kra:li:k]

worst (de)	salám (m)	[sala:m]
saucijs (de)	párek (m)	[pa:rɛk]
spek (het)	slanina (ž)	[slanɪna]
ham (de)	šunka (ž)	[ʃuŋka]
gerookte achterham (de)	kýta (ž)	[ki:ta]
paté (de)	paštika (ž)	[paʃtɪka]
lever (de)	játra (s mn)	[ja:tra]

| gehakt (het) | mleté maso (s) | [mlɛtɛ: maso] |
| tong (de) | jazyk (m) | [jazɪk] |

ei (het)	vejce (s)	[vɛjtsɛ]
eieren (mv.)	vejce (s mn)	[vɛjtsɛ]
eiwit (het)	bílek (m)	[bi:lɛk]
eigeel (het)	žloutek (m)	[ʒloutɛk]

vis (de)	ryby (ž mn)	[rɪbɪ]
zeevruchten (mv.)	mořské plody (m mn)	[morʃskɛ: plodɪ]
kaviaar (de)	kaviár (m)	[kavɪa:r]

krab (de)	krab (m)	[krap]
garnaal (de)	kreveta (ž)	[krɛvɛta]
oester (de)	ústřice (ž)	[u:strʃɪtsɛ]
langoest (de)	langusta (ž)	[langusta]
octopus (de)	chobotnice (ž)	[xobotnɪtsɛ]
inktvis (de)	sépie (ž)	[sɛ:pɪe]

steur (de)	jeseter (m)	[jɛsɛtɛr]
zalm (de)	losos (m)	[losos]
heilbot (de)	platýs (m)	[plati:s]

kabeljauw (de)	treska (ž)	[trɛska]
makreel (de)	makrela (ž)	[makrɛla]
tonijn (de)	tuňák (m)	[tunʲa:k]
paling (de)	úhoř (m)	[u:horʃ]

forel (de)	pstruh (m)	[pstrux]
sardine (de)	sardinka (ž)	[sardɪŋka]
snoek (de)	štika (ž)	[ʃtɪka]
haring (de)	sleď (ž)	[slɛtʲ]

brood (het)	chléb (m)	[xlɛ:p]
kaas (de)	sýr (m)	[si:r]
suiker (de)	cukr (m)	[tsukr]
zout (het)	sůl (ž)	[su:l]

rijst (de)	rýže (ž)	[ri:ʒe]
pasta (de)	makaróny (m mn)	[makaro:nɪ]
noedels (mv.)	nudle (ž mn)	[nudlɛ]

boter (de)	máslo (s)	[ma:slo]
plantaardige olie (de)	olej (m)	[olɛj]
zonnebloemolie (de)	slunečnicový olej (m)	[slunɛtʃnɪtsovi: olɛj]
margarine (de)	margarín (m)	[margari:n]

| olijven (mv.) | olivy (ž) | [olɪvɪ] |
| olijfolie (de) | olivový olej (m) | [olɪvovi: olɛj] |

melk (de)	mléko (s)	[mlɛ:ko]
gecondenseerde melk (de)	kondenzované mléko (s)	[kondɛnzovanɛ: mlɛ:ko]
yoghurt (de)	jogurt (m)	[jogurt]
zure room (de)	kyselá smetana (ž)	[kɪsɛla: smɛtana]
room (de)	sladká smetana (ž)	[slatka: smɛtana]
mayonaise (de)	majonéza (ž)	[majonɛ:za]

crème (de)	krém (m)	[krɛ:m]
graan (het)	kroupy (ž mn)	[kroupɪ]
meel (het), bloem (de)	mouka (ž)	[mouka]
conserven (mv.)	konzerva (ž)	[konzɛrva]

maïsvlokken (mv.)	kukuřičné vločky (ž mn)	[kukurʒɪʧnɛ: vloʧkɪ]
honing (de)	med (m)	[mɛt]
jam (de)	džem (m)	[dʒem]
kauwgom (de)	žvýkačka (ž)	[ʒvi:kaʧka]

53. Drankjes

water (het)	voda (ž)	[voda]
drinkwater (het)	pitná voda (ž)	[pɪtna: voda]
mineraalwater (het)	minerální voda (ž)	[mɪnɛra:lni: voda]

zonder gas	neperlivý	[nɛpɛrlɪvi:]
koolzuurhoudend (bn)	perlivý	[pɛrlɪvi:]
bruisend (bn)	perlivý	[pɛrlɪvi:]
ijs (het)	led (m)	[lɛt]
met ijs	s ledem	[s lɛdɛm]

alcohol vrij (bn)	nealkoholický	[nɛalkoholɪʦki:]
alcohol vrije drank (de)	nealkoholický nápoj (m)	[nɛalkoholɪʦki: na:poj]
frisdrank (de)	osvěžující nápoj (m)	[osveʒuji:ʦi: na:poj]
limonade (de)	limonáda (ž)	[lɪmona:da]

alcoholische dranken (mv.)	alkoholické nápoje (m mn)	[alkoholɪʦkɛ: na:pojɛ]
wijn (de)	víno (s)	[vi:no]
witte wijn (de)	bílé víno (s)	[bi:lɛ: vi:no]
rode wijn (de)	červené víno (s)	[ʧɛrvɛnɛ: vi:no]

likeur (de)	likér (m)	[lɪkɛ:r]
champagne (de)	šampaňské (s)	[ʃampaɲskɛ:]
vermout (de)	vermut (m)	[vɛrmut]

whisky (de)	whisky (ž)	[vɪskɪ]
wodka (de)	vodka (ž)	[votka]
gin (de)	džin (m)	[dʒɪn]
cognac (de)	koňak (m)	[koɲak]
rum (de)	rum (m)	[rum]

koffie (de)	káva (ž)	[ka:va]
zwarte koffie (de)	černá káva (ž)	[ʧɛrna: ka:va]
koffie (de) met melk	bílá káva (ž)	[bi:la: ka:va]
cappuccino (de)	kapučíno (s)	[kapuʧi:no]
oploskoffie (de)	rozpustná káva (ž)	[rozpustna: ka:va]

melk (de)	mléko (s)	[mlɛ:ko]
cocktail (de)	koktail (m)	[koktajl]
milkshake (de)	mléčný koktail (m)	[mlɛʧni: koktajl]

| sap (het) | šťáva (ž), džus (m) | [ʃtʲa:va], [dʒus] |
| tomatensap (het) | rajčatová šťáva (ž) | [rajʧatova: ʃtʲa:va] |

sinaasappelsap (het)	**pomerančový džus** (m)	[pomɛrantʃovi: ʤus]
vers geperst sap (het)	**vymačkaná šťáva** (ž)	[vɪmatʃkana: ʃtʲa:va]

bier (het)	**pivo** (s)	[pɪvo]
licht bier (het)	**světlé pivo** (s)	[svetlɛ: pɪvo]
donker bier (het)	**tmavé pivo** (s)	[tmavɛ: pɪvo]

thee (de)	**čaj** (m)	[tʃaj]
zwarte thee (de)	**černý čaj** (m)	[tʃɛrni: tʃaj]
groene thee (de)	**zelený čaj** (m)	[zɛlɛni: tʃaj]

54. Groenten

groenten (mv.)	**zelenina** (ž)	[zɛlɛnɪna]
verse kruiden (mv.)	**zelenina** (ž)	[zɛlɛnɪna]

tomaat (de)	**rajské jablíčko** (s)	[rajskɛ: jabli:tʃko]
augurk (de)	**okurka** (ž)	[okurka]
wortel (de)	**mrkev** (ž)	[mrkɛf]
aardappel (de)	**brambory** (ž mn)	[bramborɪ]
ui (de)	**cibule** (ž)	[tsɪbulɛ]
knoflook (de)	**česnek** (m)	[tʃɛsnɛk]

kool (de)	**zelí** (s)	[zɛli:]
bloemkool (de)	**květák** (m)	[kveta:k]
spruitkool (de)	**růžičková kapusta** (ž)	[ru:ʒɪtʃkova: kapusta]
broccoli (de)	**brokolice** (ž)	[brokolɪtsɛ]
rode biet (de)	**červená řepa** (ž)	[tʃɛrvena: rʒɛpa]
aubergine (de)	**lilek** (m)	[lɪlɛk]
courgette (de)	**cukina, cuketa** (ž)	[tsukɪna], [tsuketa]
pompoen (de)	**tykev** (ž)	[tɪkɛf]
raap (de)	**vodní řepa** (ž)	[vodni: rʒɛpa]

peterselie (de)	**petržel** (ž)	[pɛtrʒel]
dille (de)	**kopr** (m)	[kopr]
sla (de)	**salát** (m)	[sala:t]
selderij (de)	**celer** (m)	[tsɛlɛr]
asperge (de)	**chřest** (m)	[xrʃest]
spinazie (de)	**špenát** (m)	[ʃpɛna:t]
erwt (de)	**hrách** (m)	[hra:x]
bonen (mv.)	**boby** (m mn)	[bobɪ]
maïs (de)	**kukuřice** (ž)	[kukurʒɪtsɛ]
nierboon (de)	**fazole** (ž)	[fazolɛ]

peper (de)	**pepř** (m)	[pɛprʃ]
radijs (de)	**ředkvička** (ž)	[rʒɛtkvɪtʃka]
artisjok (de)	**artyčok** (m)	[artɪtʃok]

55. Vruchten. Noten

vrucht (de)	**ovoce** (s)	[ovotsɛ]
appel (de)	**jablko** (s)	[jablko]

peer (de)	hruška (ž)	[hruʃka]
citroen (de)	citrón (m)	[ʦɪtro:n]
sinaasappel (de)	pomeranč (m)	[pomɛrantʃ]
aardbei (de)	zahradní jahody (ž mn)	[zahradni: jahodɪ]

mandarijn (de)	mandarinka (ž)	[mandarɪŋka]
pruim (de)	švestka (ž)	[ʃvɛstka]
perzik (de)	broskev (ž)	[broskɛf]
abrikoos (de)	meruňka (ž)	[mɛruɲka]
framboos (de)	maliny (ž mn)	[malɪnɪ]
ananas (de)	ananas (m)	[ananas]

banaan (de)	banán (m)	[bana:n]
watermeloen (de)	vodní meloun (m)	[vodni: mɛloun]
druif (de)	hroznové víno (s)	[hroznovɛ: vi:no]
zure kers (de)	višně (ž)	[vɪʃne]
zoete kers (de)	třešně (ž)	[trʃɛʃne]
meloen (de)	cukrový meloun (m)	[ʦukrovi: mɛloun]

grapefruit (de)	grapefruit (m)	[grɛjpfru:t]
avocado (de)	avokádo (s)	[avoka:do]
papaja (de)	papája (ž)	[papa:ja]
mango (de)	mango (s)	[mango]
granaatappel (de)	granátové jablko (s)	[grana:tovɛ: jablko]

rode bes (de)	červený rybíz (m)	[tʃɛrvɛni: rɪbi:z]
zwarte bes (de)	černý rybíz (m)	[tʃɛrni: rɪbi:z]
kruisbes (de)	angrešt (m)	[angrɛʃt]
blauwe bosbes (de)	borůvky (ž mn)	[boru:fkɪ]
braambes (de)	ostružiny (ž mn)	[ostruʒɪnɪ]

rozijn (de)	hrozinky (ž mn)	[hrozɪŋkɪ]
vijg (de)	fík (m)	[fi:k]
dadel (de)	datle (ž)	[datlɛ]

pinda (de)	burský oříšek (m)	[burski: orʒi:ʃɛk]
amandel (de)	mandle (ž)	[mandlɛ]
walnoot (de)	vlašský ořech (m)	[vlaʃski: orʒɛx]
hazelnoot (de)	lískový ořech (m)	[li:skovi: orʒɛx]
kokosnoot (de)	kokos (m)	[kokos]
pistaches (mv.)	pistácie (ž)	[pɪsta:ʦɪe]

56. Brood. Snoep

suikerbakkerij (de)	cukroví (s)	[ʦukrovi:]
brood (het)	chléb (m)	[xlɛ:p]
koekje (het)	sušenky (ž mn)	[suʃɛŋkɪ]

chocolade (de)	čokoláda (ž)	[tʃokola:da]
chocolade- (abn)	čokoládový	[tʃokola:dovi:]
snoepje (het)	bonbón (m)	[bonbo:n]
cakeje (het)	zákusek (m)	[za:kusɛk]
taart (bijv. verjaardags~)	dort (m)	[dort]
pastei (de)	koláč (m)	[kola:tʃ]

vulling (de)	nádivka (ž)	[naːdɪfka]
confituur (de)	zavařenina (ž)	[zavarʒɛnɪna]
marmelade (de)	marmeláda (ž)	[marmɛlaːda]
wafel (de)	oplatky (mn)	[oplatkɪ]
ijsje (het)	zmrzlina (ž)	[zmrzlɪna]

57. Kruiden

zout (het)	sůl (ž)	[suːl]
gezouten (bn)	slaný	[slaniː]
zouten (ww)	solit	[solɪt]

zwarte peper (de)	černý pepř (m)	[tʃɛrniː pɛprʃ]
rode peper (de)	červená paprika (ž)	[tʃɛrvɛnaː paprɪka]
mosterd (de)	hořčice (ž)	[horʃtʃɪtsɛ]
mierikswortel (de)	křen (m)	[krʃɛn]

condiment (het)	ochucovadlo (s)	[oxutsovadlo]
specerij, kruiderij (de)	koření (s)	[korʒɛniː]
saus (de)	omáčka (ž)	[omaːtʃka]
azijn (de)	ocet (m)	[otsɛt]

anijs (de)	anýz (m)	[aniːz]
basilicum (de)	bazalka (ž)	[bazalka]
kruidnagel (de)	hřebíček (m)	[hrʒɛbiːtʃɛk]
gember (de)	zázvor (m)	[zaːzvor]
koriander (de)	koriandr (m)	[korɪandr]
kaneel (de/het)	skořice (ž)	[skorʒɪtsɛ]

sesamzaad (het)	sezam (m)	[sɛzam]
laurierblad (het)	bobkový list (m)	[bopkoviː lɪst]
paprika (de)	paprika (ž)	[paprɪka]
komijn (de)	kmín (m)	[kmiːn]
saffraan (de)	šafrán (m)	[ʃafraːn]

PERSOONLIJKE INFORMATIE. FAMILIE

58. Persoonlijke informatie. Formulieren

naam (de)	jméno (s)	[jmɛ:no]
achternaam (de)	příjmení (s)	[prʃi:jmɛni:]
geboortedatum (de)	datum (s) narození	[datum narozɛni:]
geboorteplaats (de)	místo (s) narození	[mi:sto narozɛni:]
nationaliteit (de)	národnost (ž)	[na:rodnost]
woonplaats (de)	bydliště (s)	[bɪdlɪʃte]
land (het)	země (ž)	[zɛmnɛ]
beroep (het)	povolání (s)	[povola:ni:]
geslacht (ov. het vrouwelijk ~)	pohlaví (s)	[pohlavi:]
lengte (de)	postava (ž)	[postava]
gewicht (het)	váha (ž)	[va:ha]

59. Familieleden. Verwanten

moeder (de)	matka (ž)	[matka]
vader (de)	otec (m)	[otɛts]
zoon (de)	syn (m)	[sɪn]
dochter (de)	dcera (ž)	[dtsɛra]
jongste dochter (de)	nejmladší dcera (ž)	[nɛjmladʃi: dtsɛra]
jongste zoon (de)	nejmladší syn (m)	[nɛjmladʃi: sɪn]
oudste dochter (de)	nejstarší dcera (ž)	[nɛjstarʃi: dtsɛra]
oudste zoon (de)	nejstarší syn (m)	[nɛjstarʃi: sɪn]
broer (de)	bratr (m)	[bratr]
zuster (de)	sestra (ž)	[sɛstra]
neef (zoon van oom, tante)	bratranec (m)	[bratranɛts]
nicht (dochter van oom, tante)	sestřenice (ž)	[sɛstrʃɛnɪtsɛ]
mama (de)	maminka (ž)	[mamɪŋka]
papa (de)	táta (m)	[ta:ta]
ouders (mv.)	rodiče (m mn)	[rodɪʧɛ]
kind (het)	dítě (s)	[di:te]
kinderen (mv.)	děti (ž mn)	[detɪ]
oma (de)	babička (ž)	[babɪʧka]
opa (de)	dědeček (m)	[dedɛʧɛk]
kleinzoon (de)	vnuk (m)	[vnuk]
kleindochter (de)	vnučka (ž)	[vnuʧka]
kleinkinderen (mv.)	vnuci (m mn)	[vnutsɪ]

oom (de)	strýc (m)	[stri:ts]
tante (de)	teta (ž)	[tɛta]
neef (zoon van broer, zus)	synovec (m)	[sɪnovɛts]
nicht (dochter van broer, zus)	neteř (ž)	[nɛtɛrʃ]

schoonmoeder (de)	tchyně (ž)	[txɪne]
schoonvader (de)	tchán (m)	[txa:n]
schoonzoon (de)	zeť (m)	[zɛtʲ]
stiefmoeder (de)	nevlastní matka (ž)	[nɛvlastni: matka]
stiefvader (de)	nevlastní otec (m)	[nɛvlastni: otɛts]

zuigeling (de)	kojenec (m)	[kojɛnɛts]
wiegenkind (het)	nemluvně (s)	[nɛmluvne]
kleuter (de)	děcko (s)	[detsko]

vrouw (de)	žena (ž)	[ʒena]
man (de)	muž (m)	[muʃ]
echtgenoot (de)	manžel (m)	[manʒel]
echtgenote (de)	manželka (ž)	[manʒelka]

gehuwd (mann.)	ženatý	[ʒenati:]
gehuwd (vrouw.)	vdaná	[vdana:]
ongehuwd (mann.)	svobodný	[svobodni:]
vrijgezel (de)	mládenec (m)	[mla:dɛnɛts]
gescheiden (bn)	rozvedený	[rozvɛdɛni:]
weduwe (ž)	vdova (ž)	[vdova]
weduwnaar (de)	vdovec (m)	[vdovɛts]

familielid (het)	příbuzný (m)	[prʃi:buzni:]
dichte familielid (het)	blízký příbuzný (m)	[bli:ski: prʃi:buzni:]
verre familielid (het)	vzdálený příbuzný (m)	[vzda:lɛni: prʃi:buzni:]
familieleden (mv.)	příbuzenstvo (s)	[prʃi:buzɛnstvo]

wees (de), weeskind (het)	sirotek (m, ž)	[sɪrotɛk]
voogd (de)	poručník (m)	[porutʃni:k]
adopteren (een jongen te ~)	adoptovat	[adoptovat]
adopteren (een meisje te ~)	adoptovat dívku	[adoptovat difku]

60. Vrienden. Collega's

vriend (de)	přítel (m)	[prʃi:tɛl]
vriendin (de)	přítelkyně (ž)	[prʃi:tɛlkɪne]
vriendschap (de)	přátelství (s)	[prʃa:tɛlstvi:]
bevriend zijn (ww)	kamarádit	[kamara:dɪt]

makker (de)	kamarád (m)	[kamara:t]
vriendin (de)	kamarádka (ž)	[kamara:tka]
partner (de)	partner (m)	[partnɛr]

chef (de)	šéf (m)	[ʃɛ:f]
baas (de)	vedoucí (m)	[vɛdoutsi:]
ondergeschikte (de)	podřízený (m)	[podrʒi:zɛni:]
collega (de)	kolega (m)	[kolɛga]
kennis (de)	známý (m)	[zna:mi:]

| medereiziger (de) | **spolucestující** (m) | [spolutsɛstujiːtsi:] |
| klasgenoot (de) | **spolužák** (m) | [spoluʒaːk] |

buurman (de)	**soused** (m)	[sousɛt]
buurvrouw (de)	**sousedka** (ż)	[sousɛtka]
buren (mv.)	**sousedé** (m mn)	[sousɛdɛ:]

MENSELIJK LICHAAM. GENEESKUNDE

61. Hoofd

hoofd (het)	hlava (ž)	[hlava]
gezicht (het)	obličej (ž)	[oblɪtʃɛj]
neus (de)	nos (m)	[nos]
mond (de)	ústa (s mn)	[u:sta]
oog (het)	oko (s)	[oko]
ogen (mv.)	oči (s mn)	[otʃɪ]
pupil (de)	zornice (ž)	[zornɪtsɛ]
wenkbrauw (de)	obočí (s)	[obotʃi:]
wimper (de)	řasa (ž)	[rʒasa]
ooglid (het)	víčko (s)	[vi:tʃko]
tong (de)	jazyk (m)	[jazɪk]
tand (de)	zub (m)	[zup]
lippen (mv.)	rty (m mn)	[rtɪ]
jukbeenderen (mv.)	lícní kosti (ž mn)	[li:tsni: kostɪ]
tandvlees (het)	dáseň (ž)	[da:sɛnʲ]
gehemelte (het)	patro (s)	[patro]
neusgaten (mv.)	chřípí (s)	[xrʃi:pi:]
kin (de)	brada (ž)	[brada]
kaak (de)	čelist (ž)	[tʃɛlɪst]
wang (de)	tvář (ž)	[tva:rʃ]
voorhoofd (het)	čelo (s)	[tʃɛlo]
slaap (de)	spánek (s)	[spa:nɛk]
oor (het)	ucho (s)	[uxo]
achterhoofd (het)	týl (m)	[ti:l]
hals (de)	krk (m)	[krk]
keel (de)	hrdlo (s)	[hrdlo]
haren (mv.)	vlasy (m mn)	[vlasɪ]
kapsel (het)	účes (m)	[u:tʃɛs]
haarsnit (de)	střih (m)	[strʃɪx]
pruik (de)	paruka (ž)	[paruka]
snor (de)	vousy (m mn)	[vousɪ]
baard (de)	plnovous (m)	[plnovous]
dragen (een baard, enz.)	nosit	[nosɪt]
vlecht (de)	cop (m)	[tsop]
bakkebaarden (mv.)	licousy (m mn)	[lɪtsousɪ]
ros (roodachtig, rossig)	zrzavý	[zrzavi:]
grijs (~ haar)	šedivý	[ʃɛdɪvi:]
kaal (bn)	lysý	[lɪsi:]
kale plek (de)	lysina (ž)	[lɪsɪna]

| paardenstaart (de) | ocas (m) | [otsas] |
| pony (de) | ofina (ž) | [ofɪna] |

62. Menselijk lichaam

| hand (de) | ruka (ž) | [ruka] |
| arm (de) | ruka (ž) | [ruka] |

vinger (de)	prst (m)	[prst]
duim (de)	palec (m)	[palɛts]
pink (de)	malíček (m)	[maliːtʃɛk]
nagel (de)	nehet (m)	[nɛhɛt]

vuist (de)	pěst (ž)	[pest]
handpalm (de)	dlaň (ž)	[dlanʲ]
pols (de)	zápěstí (s)	[zaːpɛstiː]
voorarm (de)	předloktí (s)	[prʃɛdlokti:]
elleboog (de)	loket (m)	[lokɛt]
schouder (de)	rameno (s)	[ramɛno]

been (rechter ~)	noha (ž)	[noha]
voet (de)	chodidlo (s)	[xodɪdlo]
knie (de)	koleno (s)	[kolɛno]
kuit (de)	lýtko (s)	[liːtko]
heup (de)	stehno (s)	[stɛhno]
hiel (de)	pata (ž)	[pata]

lichaam (het)	tělo (s)	[telo]
buik (de)	břicho (s)	[brʒɪxo]
borst (de)	prsa (s mn)	[prsa]
borst (de)	prs (m)	[prs]
zijde (de)	bok (m)	[bok]
rug (de)	záda (s mn)	[zaːda]
lage rug (de)	kříž (m)	[krʃiːʃ]
taille (de)	pás (m)	[paːs]

navel (de)	pupek (m)	[pupɛk]
billen (mv.)	hýždě (ž mn)	[hiːʒde]
achterwerk (het)	zadek (m)	[zadɛk]

huidvlek (de)	mateřské znaménko (s)	[matɛrʃkɛː znamɛːŋko]
tatoeage (de)	tetování (s)	[tɛtovaːniː]
litteken (het)	jizva (ž)	[jɪzva]

63. Ziekten

ziekte (de)	nemoc (ž)	[nɛmots]
ziek zijn (ww)	být nemocný	[biːt nɛmotsniː]
gezondheid (de)	zdraví (s)	[zdraviː]

| snotneus (de) | rýma (ž) | [riːma] |
| angina (de) | angína (ž) | [angiːna] |

| verkoudheid (de) | nachlazení (s) | [naxlazɛni:] |
| verkouden raken (ww) | nachladit se | [naxladɪt sɛ] |

bronchitis (de)	bronchitida (ž)	[bronxɪti:da]
longontsteking (de)	zápal (m) plic	[za:pal plɪts]
griep (de)	chřipka (ž)	[xrʃɪpka]

bijziend (bn)	krátkozraký	[kra:tkozraki:]
verziend (bn)	dalekozraký	[dalɛkozraki:]
scheelheid (de)	šilhavost (ž)	[ʃɪlhavost]
scheel (bn)	šilhavý	[ʃɪlhavi:]
grauwe staar (de)	šedý zákal (m)	[ʃɛdi: za:kal]
glaucoom (het)	zelený zákal (m)	[zɛlɛni: za:kal]

beroerte (de)	mozková mrtvice (ž)	[moskova: mrtvɪtsɛ]
hartinfarct (het)	infarkt (m)	[ɪnfarkt]
myocardiaal infarct (het)	infarkt (m) myokardu	[ɪnfarkt mɪokardu]
verlamming (de)	obrna (ž)	[obrna]
verlammen (ww)	paralyzovat	[paralɪzovat]

allergie (de)	alergie (ž)	[alɛrgɪe]
astma (de/het)	astma (s)	[astma]
diabetes (de)	cukrovka (ž)	[tsukrofka]

| tandpijn (de) | bolení (s) zubů | [bolɛni: zubu:] |
| tandbederf (het) | zubní kaz (m) | [zubni: kaz] |

diarree (de)	průjem (m)	[pru:jɛm]
constipatie (de)	zácpa (ž)	[za:tspa]
maagstoornis (de)	žaludeční potíže (ž mn)	[ʒaludɛtʃni: poti:ʒe]
voedselvergiftiging (de)	otrava (ž)	[otrava]
voedselvergiftiging oplopen	otrávit se	[otra:vɪt sɛ]

artritis (de)	artritida (ž)	[artrɪtɪda]
rachitis (de)	rachitida (ž)	[raxɪtɪda]
reuma (het)	revmatismus (m)	[rɛvmatɪzmus]
arteriosclerose (de)	ateroskleróza (ž)	[atɛrosklɛro:za]

gastritis (de)	gastritida (ž)	[gastrɪtɪda]
blindedarmontsteking (de)	apendicitida (ž)	[apɛndɪtsɪtɪda]
galblaasontsteking (de)	zánět (m) žlučníku	[za:net ʒlutʃni:ku]
zweer (de)	vřed (m)	[vrʒɛt]

mazelen (mv.)	spalničky (ž mn)	[spalnɪtʃki:]
rodehond (de)	zarděnky (ž mn)	[zardeŋkɪ]
geelzucht (de)	žloutenka (ž)	[ʒloutɛŋka]
leverontsteking (de)	hepatitida (ž)	[hɛpatɪtɪda]

schizofrenie (de)	schizofrenie (ž)	[sxɪzofrɛnɪe]
dolheid (de)	vzteklina (ž)	[vstɛklɪna]
neurose (de)	neuróza (ž)	[nɛuro:za]
hersenschudding (de)	otřes (m) mozku	[otrʃɛs mosku]

kanker (de)	rakovina (ž)	[rakovɪna]
sclerose (de)	skleróza (ž)	[sklɛro:za]
multiple sclerose (de)	roztroušená skleróza (ž)	[roztrouʃɛna: sklɛro:za]

alcoholisme (het)	alkoholismus (m)	[alkoholɪzmus]
alcoholicus (de)	alkoholik (m)	[alkoholɪk]
syfilis (de)	syfilida (ž)	[sɪfɪlɪda]
AIDS (de)	AIDS (m)	[ajts]
tumor (de)	nádor (m)	[na:dor]
kwaadaardig (bn)	zhoubný	[zhoubni:]
goedaardig (bn)	nezhoubný	[nɛzhoubni:]
koorts (de)	zimnice (ž)	[zɪmnɪtsɛ]
malaria (de)	malárie (ž)	[mala:rɪe]
gangreen (het)	gangréna (ž)	[gangrɛ:na]
zeeziekte (de)	mořská nemoc (ž)	[morʃska: nɛmots]
epilepsie (de)	padoucnice (ž)	[padoutsnɪtsɛ]
epidemie (de)	epidemie (ž)	[ɛpɪdɛmɪe]
tyfus (de)	tyf (m)	[tɪf]
tuberculose (de)	tuberkulóza (ž)	[tubɛrkulo:za]
cholera (de)	cholera (ž)	[xolɛra]
pest (de)	mor (m)	[mor]

64. Symptomen. Behandelingen. Deel 1

symptoom (het)	příznak (m)	[prʃi:znak]
temperatuur (de)	teplota (ž)	[tɛplota]
verhoogde temperatuur (de)	vysoká teplota (ž)	[vɪsoka: tɛplota]
polsslag (de)	tep (m)	[tɛp]
duizeling (de)	závrať (ž)	[za:vratʲ]
heet (erg warm)	horký	[horki:]
koude rillingen (mv.)	mrazení (s)	[mrazɛni:]
bleek (bn)	bledý	[blɛdi:]
hoest (de)	kašel (m)	[kaʃɛl]
hoesten (ww)	kašlat	[kaʃlat]
niezen (ww)	kýchat	[ki:xat]
flauwte (de)	mdloby (ž mn)	[mdlobɪ]
flauwvallen (ww)	upadnout do mdlob	[upadnout do mdlop]
blauwe plek (de)	modřina (ž)	[modrʒɪna]
buil (de)	boule (ž)	[boulɛ]
zich stoten (ww)	uhodit se	[uhodɪt sɛ]
kneuzing (de)	pohmožděnina (ž)	[pohmoʒdenɪna]
kneuzen (gekneusd zijn)	uhodit se	[uhodɪt sɛ]
hinken (ww)	kulhat	[kulhat]
verstuiking (de)	vykloubení (s)	[vɪkloubɛni:]
verstuiken (enkel, enz.)	vykloubit	[vɪkloubɪt]
breuk (de)	zlomenina (ž)	[zlomɛnɪna]
een breuk oplopen	dostat zlomeninu	[dostat zlomɛnɪnu]
snijwond (de)	říznutí (s)	[rʒi:znuti:]
zich snijden (ww)	říznout se	[rʒi:znout sɛ]
bloeding (de)	krvácení (s)	[krva:tsɛni:]

| brandwond (de) | popálenina (ž) | [popa:lɛnɪna] |
| zich branden (ww) | spálit se | [spa:lɪt sɛ] |

prikken (ww)	píchnout	[pi:xnout]
zich prikken (ww)	píchnout se	[pi:xnout sɛ]
blesseren (ww)	pohmoždit	[pohmoʒdɪt]
blessure (letsel)	pohmoždění (s)	[pohmoʒdeni:]
wond (de)	rána (ž)	[ra:na]
trauma (het)	úraz (m)	[u:raz]

ijlen (ww)	blouznit	[blouznɪt]
stotteren (ww)	zajíkat se	[zaji:kat sɛ]
zonnesteek (de)	úpal (m)	[u:pal]

65. Symptomen. Behandelingen. Deel 2

| pijn (de) | bolest (ž) | [bolɛst] |
| splinter (de) | tříska (ž) | [trʃi:ska] |

zweet (het)	pot (m)	[pot]
zweten (ww)	potit se	[potɪt sɛ]
braking (de)	zvracení (s)	[zvratsɛni:]
stuiptrekkingen (mv.)	křeče (ž mn)	[krʃɛtʃɛ]

zwanger (bn)	těhotná	[tehotna:]
geboren worden (ww)	narodit se	[narodɪt sɛ]
geboorte (de)	porod (m)	[porot]
baren (ww)	rodit	[rodɪt]
abortus (de)	umělý potrat (m)	[umneli: potrat]

ademhaling (de)	dýchání (s)	[di:xa:ni:]
inademing (de)	vdech (m)	[vdɛx]
uitademing (de)	výdech (m)	[vi:dɛx]
uitademen (ww)	vydechnout	[vɪdɛxnout]
inademen (ww)	nadechnout se	[nadɛxnout sɛ]

invalide (de)	invalida (m)	[ɪnvalɪda]
gehandicapte (de)	mrzák (m)	[mrza:k]
drugsverslaafde (de)	narkoman (m)	[narkoman]

| doof (bn) | hluchý | [hluxi:] |
| stom (bn) | němý | [nemi:] |

krankzinnig (bn)	šílený	[ʃi:lɛni:]
krankzinnige (man)	šílenec (m)	[ʃi:lɛnɛts]
krankzinnige (vrouw)	šílenec (ž)	[ʃi:lɛnɛts]
krankzinnig worden	zešílet	[zɛʃi:lɛt]

gen (het)	gen (m)	[gɛn]
immuniteit (de)	imunita (ž)	[ɪmunɪta]
erfelijk (bn)	dědičný	[dedɪtʃni:]
aangeboren (bn)	vrozený	[vrozɛni:]
virus (het)	virus (m)	[vɪrus]
microbe (de)	mikrob (m)	[mɪkrop]

| bacterie (de) | baktérie (ž) | [baktɛ:rɪe] |
| infectie (de) | infekce (ž) | [ɪnfɛktsɛ] |

66. Symptomen. Behandelingen. Deel 3

| ziekenhuis (het) | nemocnice (ž) | [nɛmotsnɪtsɛ] |
| patiënt (de) | pacient (m) | [patsɪent] |

diagnose (de)	diagnóza (ž)	[dɪagno:za]
genezing (de)	léčení (s)	[lɛ:tʃɛni:]
medische behandeling (de)	léčba (ž)	[lɛ:tʃba]
onder behandeling zijn	léčit se	[lɛ:tʃɪt sɛ]
behandelen (ww)	léčit	[lɛ:tʃɪt]
zorgen (zieken ~)	ošetřovat	[oʃɛtrʃovat]
ziekenzorg (de)	ošetřování (s)	[oʃɛtrʃova:ni:]

operatie (de)	operace (ž)	[opɛratsɛ]
verbinden (een arm ~)	obvázat	[obva:zat]
verband (het)	obvazování (s)	[obvazova:ni:]

vaccin (het)	očkování (s)	[otʃkova:ni:]
inenten (vaccineren)	dělat očkování	[delat otʃkova:ni:]
injectie (de)	injekce (ž)	[ɪnjɛktsɛ]
een injectie geven	dávat injekci	[da:vat ɪnjɛktsɪ]

aanval (de)	záchvat (m)	[za:xvat]
amputatie (de)	amputace (ž)	[amputatsɛ]
amputeren (ww)	amputovat	[amputovat]
coma (het)	kóma (s)	[ko:ma]
in coma liggen	být v kómatu	[bi:t v ko:matu]
intensieve zorg, ICU (de)	reanimace (ž)	[rɛanɪmatsɛ]

zich herstellen (ww)	uzdravovat se	[uzdravovat sɛ]
toestand (de)	stav (m)	[staf]
bewustzijn (het)	vědomí (s)	[vedomi:]
geheugen (het)	paměť (ž)	[pamnetʲ]

trekken (een kies ~)	trhat	[trhat]
vulling (de)	plomba (ž)	[plomba]
vullen (ww)	plombovat	[plombovat]

| hypnose (de) | hypnóza (ž) | [hɪpno:za] |
| hypnotiseren (ww) | hypnotizovat | [hɪpnotɪzovat] |

67. Geneeskunde. Medicijnen. Accessoires

geneesmiddel (het)	lék (m)	[lɛ:k]
middel (het)	prostředek (m)	[prostrʃɛdɛk]
voorschrijven (ww)	předepsat	[prʒɛdɛpsat]
recept (het)	recept (m)	[rɛtsɛpt]
tablet (de/het)	tableta (ž)	[tablɛta]
zalf (de)	mast (ž)	[mast]

ampul (de)	ampule (ž)	[ampulɛ]
drank (de)	mixtura (ž)	[mɪkstura]
siroop (de)	sirup (m)	[sɪrup]
pil (de)	pilulka (ž)	[pɪlulka]
poeder (de/het)	prášek (m)	[pra:ʃɛk]

verband (het)	obvaz (m)	[obvaz]
watten (mv.)	vata (ž)	[vata]
jodium (het)	jód (m)	[jo:t]

pleister (de)	leukoplast (m)	[lɛukoplast]
pipet (de)	pipeta (ž)	[pɪpɛta]
thermometer (de)	teploměr (m)	[tɛplomner]
spuit (de)	injekční stříkačka (ž)	[ɪnjɛktʃni: strʃi:katʃka]

rolstoel (de)	vozík (m)	[vozi:k]
krukken (mv.)	berle (ž mn)	[bɛrlɛ]

pijnstiller (de)	anestetikum (s)	[anɛstɛtɪkum]
laxeermiddel (het)	projímadlo (s)	[proji:madlo]
spiritus (de)	líh (m)	[li:x]
medicinale kruiden (mv.)	bylina (ž)	[bɪlɪna]
kruiden- (abn)	bylinný	[bɪlɪnni:]

APPARTEMENT

68. Appartement

appartement (het)	byt (m)	[bɪt]
kamer (de)	pokoj (m)	[pokoj]
slaapkamer (de)	ložnice (ž)	[loʒnɪtsɛ]
eetkamer (de)	jídelna (ž)	[ji:dɛlna]
salon (de)	přijímací pokoj (m)	[prʃɪji:matsi: pokoj]
studeerkamer (de)	pracovna (ž)	[pratsovna]
gang (de)	předsíň (ž)	[prʃɛtsi:nʲ]
badkamer (de)	koupelna (ž)	[koupɛlna]
toilet (het)	záchod (m)	[za:xot]
plafond (het)	strop (m)	[strop]
vloer (de)	podlaha (ž)	[podlaha]
hoek (de)	kout (m)	[kout]

69. Meubels. Interieur

meubels (mv.)	nábytek (m)	[na:bɪtɛk]
tafel (de)	stůl (m)	[stu:l]
stoel (de)	židle (ž)	[ʒɪdlɛ]
bed (het)	lůžko (s)	[lu:ʃko]
bankstel (het)	pohovka (ž)	[pohofka]
fauteuil (de)	křeslo (s)	[krʃɛslo]
boekenkast (de)	knihovna (ž)	[knɪhovna]
boekenrek (het)	police (ž)	[polɪtsɛ]
kledingkast (de)	skříň (ž)	[skrʃi:nʲ]
kapstok (de)	předsíňový věšák (m)	[prʃɛdsi:novi: veʃa:k]
staande kapstok (de)	stojanový věšák (m)	[stojanovi: veʃa:k]
commode (de)	prádelník (m)	[pra:dɛlni:k]
salontafeltje (het)	konferenční stolek (m)	[konfɛrɛntʃni: stolɛk]
spiegel (de)	zrcadlo (s)	[zrtsadlo]
tapijt (het)	koberec (m)	[kobɛrɛts]
tapijtje (het)	kobereček (m)	[kobɛrɛtʃɛk]
haard (de)	krb (m)	[krp]
kaars (de)	svíce (ž)	[svi:tsɛ]
kandelaar (de)	svícen (m)	[svi:tsɛn]
gordijnen (mv.)	záclony (ž mn)	[za:tslonɪ]
behang (het)	tapety (ž mn)	[tapɛtɪ]

jaloezie (de)	žaluzie (ž)	[ʒaluzɪe]
bureaulamp (de)	stolní lampa (ž)	[stolni: lampa]
wandlamp (de)	svítidlo (s)	[svi:tɪdlo]
staande lamp (de)	stojací lampa (ž)	[stojaʦi: lampa]
luchter (de)	lustr (m)	[lustr]

poot (ov. een tafel, enz.)	noha (ž)	[noha]
armleuning (de)	područka (ž)	[podruʧka]
rugleuning (de)	opěradlo (s)	[operadlo]
la (de)	zásuvka (ž)	[za:sufka]

70. Beddengoed

beddengoed (het)	ložní prádlo (s)	[loʒni: pra:dlo]
kussen (het)	polštář (m)	[polʃta:rʃ]
kussenovertrek (de)	povlak (m) na polštář	[povlak na polʃta:rʒ]
deken (de)	deka (ž)	[dɛka]
laken (het)	prostěradlo (s)	[prosteradlo]
sprei (de)	přikrývka (ž)	[prʃɪkri:fka]

71. Keuken

keuken (de)	kuchyně (ž)	[kuxɪne]
gas (het)	plyn (m)	[plɪn]
gasfornuis (het)	plynový sporák (m)	[plɪnovi; spora:k]
elektrisch fornuis (het)	elektrický sporák (m)	[ɛlɛktrɪtski: spora:k]
oven (de)	trouba (ž)	[trouba]
magnetronoven (de)	mikrovlnná pec (ž)	[mɪkrovlnna: pɛʦ]

koelkast (de)	lednička (ž)	[lɛdnɪʧka]
diepvriezer (de)	mrazicí komora (ž)	[mrazɪʦi: komora]
vaatwasmachine (de)	myčka (ž) nádobí	[mɪʧka na:dobi:]

vleesmolen (de)	mlýnek (m) na maso	[mli:nɛk na maso]
vruchtenpers (de)	odšťavňovač (m)	[otʃʈavnʲovaʧ]
toaster (de)	opékač (m) topinek	[opɛ:kaʧ topɪnɛk]
mixer (de)	mixér (m)	[mɪksɛ:r]

koffiemachine (de)	kávovar (m)	[ka:vovar]
koffiepot (de)	konvice (ž) na kávu	[konvɪʦɛ na ka:vu]
koffiemolen (de)	mlýnek (m) na kávu	[mli:nɛk na ka:vu]

fluitketel (de)	čajník (m)	[ʧajni:k]
theepot (de)	čajová konvice (ž)	[ʧajova: konvɪʦɛ]
deksel (de/het)	poklička (ž)	[poklɪʧka]
theezeefje (het)	cedítko (s)	[ʦɛdi:tko]

lepel (de)	lžíce (ž)	[ʒi:ʦɛ]
theelepeltje (het)	kávová lžička (ž)	[ka:vova: ʒɪʧka]
eetlepel (de)	polévková lžíce (ž)	[polɛ:fkova: ʒi:ʦɛ]
vork (de)	vidlička (ž)	[vɪdlɪʧka]
mes (het)	nůž (m)	[nu:ʃ]

vaatwerk (het)	nádobí (s)	[na:dobi:]
bord (het)	talíř (m)	[tali:rʃ]
schoteltje (het)	talířek (m)	[tali:rʒɛk]

likeurglas (het)	sklenička (ž)	[sklɛnɪtʃka]
glas (het)	sklenice (ž)	[sklɛnɪtsɛ]
kopje (het)	šálek (m)	[ʃa:lɛk]

suikerpot (de)	cukřenka (ž)	[tsukrʃɛŋka]
zoutvat (het)	solnička (ž)	[solnɪtʃka]
pepervat (het)	pepřenka (ž)	[pɛprʃɛŋka]
boterschaaltje (het)	nádobka (ž) na máslo	[na:dopka na ma:slo]

pan (de)	hrnec (m)	[hrnɛts]
bakpan (de)	pánev (ž)	[pa:nɛf]
pollepel (de)	naběračka (ž)	[naberatʃka]
vergiet (de/het)	cedník (m)	[tsɛdni:k]
dienblad (het)	podnos (m)	[podnos]

fles (de)	láhev (ž)	[la:hɛf]
glazen pot (de)	sklenice (ž)	[sklɛnɪtsɛ]
blik (conserven~)	plechovka (ž)	[plɛxofka]

flesopener (de)	otvírač (m) lahví	[otvi:ratʃ lahvi:]
blikopener (de)	otvírač (m) konzerv	[otvi:ratʃ konzɛrf]
kurkentrekker (de)	vývrtka (ž)	[vi:vrtka]
filter (de/het)	filtr (m)	[fɪltr]
filteren (ww)	filtrovat	[fɪltrovat]

| huisvuil (het) | odpadky (m mn) | [otpatki:] |
| vuilnisemmer (de) | kbelík (m) na odpadky | [gbɛli:k na otpatkɪ] |

72. Badkamer

badkamer (de)	koupelna (ž)	[koupɛlna]
water (het)	voda (ž)	[voda]
kraan (de)	kohout (m)	[kohout]
warm water (het)	teplá voda (ž)	[tɛpla: voda]
koud water (het)	studená voda (ž)	[studɛna: voda]

| tandpasta (de) | zubní pasta (ž) | [zubni: pasta] |
| tanden poetsen (ww) | čistit si zuby | [tʃɪstɪt sɪ zubɪ] |

zich scheren (ww)	holit se	[holɪt sɛ]
scheercrème (de)	pěna (ž) na holení	[pena na holɛni:]
scheermes (het)	holicí strojek (m)	[holɪtsi: strojɛk]

wassen (ww)	mýt	[mi:t]
een bad nemen	mýt se	[mi:t sɛ]
douche (de)	sprcha (ž)	[sprxa]
een douche nemen	sprchovat se	[sprxovat sɛ]

| bad (het) | vana (ž) | [vana] |
| toiletpot (de) | záchodová mísa (ž) | [za:xodova mi:sa] |

wastafel (de)	umývadlo (s)	[umi:vadlo]
zeep (de)	mýdlo (m)	[mi:dlo]
zeepbakje (het)	miska (ž) na mýdlo	[mɪska na mi:dlo]

spons (de)	mycí houba (ž)	[mɪtsi: houba]
shampoo (de)	šampon (m)	[ʃampon]
handdoek (de)	ručník (m)	[rutʃni:k]
badjas (de)	župan (m)	[ʒupan]

was (bijv. handwas)	praní (s)	[prani:]
wasmachine (de)	pračka (ž)	[pratʃka]
de was doen	prát	[pra:t]
waspoeder (de)	prací prášek (m)	[pratsi: pra:ʃɛk]

73. Huishoudelijke apparaten

televisie (de)	televizor (m)	[tɛlɛvɪzor]
cassettespeler (de)	magnetofon (m)	[magnɛtofon]
videorecorder (de)	videomagnetofon (m)	[vɪdɛomagnɛtofon]
radio (de)	přijímač (m)	[prʃɪji:matʃ]
speler (de)	přehrávač (m)	[prʃɛhra:vatʃ]

videoprojector (de)	projektor (m)	[projɛktor]
home theater systeem (het)	domácí biograf (m)	[doma:tsi: bɪograf]
DVD-speler (de)	DVD přehrávač (m)	[dɛvɛdɛ prʃɛhra:vatʃ]
versterker (de)	zesilovač (m)	[zɛsɪlovatʃ]
spelconsole (de)	hrací přístroj (m)	[hratsi: prʃi:stroj]

videocamera (de)	videokamera (ž)	[vɪdɛokamɛra]
fotocamera (de)	fotoaparát (m)	[fotoapara:t]
digitale camera (de)	digitální fotoaparát (m)	[dɪgɪta:lni: fotoapara:t]

stofzuiger (de)	vysavač (m)	[vɪsavatʃ]
strijkijzer (het)	žehlička (ž)	[ʒehlɪtʃka]
strijkplank (de)	žehlicí prkno (s)	[ʒehlɪtsi: prkno]

telefoon (de)	telefon (m)	[tɛlɛfon]
mobieltje (het)	mobilní telefon (m)	[mobɪlni: tɛlɛfon]
schrijfmachine (de)	psací stroj (m)	[psatsi: stroj]
naaimachine (de)	šicí stroj (m)	[ʃɪtsi: stroj]

microfoon (de)	mikrofon (m)	[mɪkrofon]
koptelefoon (de)	sluchátka (s mn)	[sluxa:tka]
afstandsbediening (de)	ovládač (m)	[ovla:datʃ]

CD (de)	CD disk (m)	[tsɛ:dɛ: dɪsk]
cassette (de)	kazeta (ž)	[kazɛta]
vinylplaat (de)	deska (ž)	[dɛska]

DE AARDE. WEER

74. De kosmische ruimte

kosmos (de)	kosmos (m)	[kosmos]
kosmisch (bn)	kosmický	[kosmɪtski:]
kosmische ruimte (de)	kosmický prostor (m)	[kosmɪtski: prostor]
wereld (de), heelal (het)	vesmír (m)	[vɛsmi:r]
sterrenstelsel (het)	galaxie (ž)	[galaksɪe]
ster (de)	hvězda (ž)	[hvezda]
sterrenbeeld (het)	souhvězdí (s)	[souhvezdi:]
planeet (de)	planeta (ž)	[planɛta]
satelliet (de)	družice (ž)	[druʒɪtsɛ]
meteoriet (de)	meteorit (m)	[mɛtɛorɪt]
komeet (de)	kometa (ž)	[komɛta]
asteroïde (de)	asteroid (m)	[astɛroɪt]
baan (de)	oběžná dráha (ž)	[obeʒna: dra:ha]
draaien (om de zon, enz.)	otáčet se	[ota:ʧɛt sɛ]
atmosfeer (de)	atmosféra (ž)	[atmosfɛ:ra]
Zon (de)	Slunce (s)	[sluntsɛ]
zonnestelsel (het)	sluneční soustava (ž)	[slunɛʧni: soustava]
zonsverduistering (de)	sluneční zatmění (s)	[slunɛʧni: zatmneni:]
Aarde (de)	Země (ž)	[zɛmnɛ]
Maan (de)	Měsíc (m)	[mnesi:ts]
Mars (de)	Mars (m)	[mars]
Venus (de)	Venuše (ž)	[vɛnuʃɛ]
Jupiter (de)	Jupiter (m)	[jupɪtɛr]
Saturnus (de)	Saturn (m)	[saturn]
Mercurius (de)	Merkur (m)	[mɛrkur]
Uranus (de)	Uran (m)	[uran]
Neptunus (de)	Neptun (m)	[nɛptun]
Pluto (de)	Pluto (s)	[pluto]
Melkweg (de)	Mléčná dráha (ž)	[mlɛ:ʧna: dra:ha]
Grote Beer (de)	Velká medvědice (ž)	[vɛlka: mɛdvedɪtsɛ]
Poolster (de)	Polárka (ž)	[pola:rka]
marsmannetje (het)	Marťan (m)	[martʲan]
buitenaards wezen (het)	mimozemšťan (m)	[mɪmozɛmʃtʲan]
bovenaards (het)	vetřelec (m)	[vɛtrʃɛlɛts]
vliegende schotel (de)	létající talíř (m)	[lɛ:taji:tsi tali:rʃ]
ruimtevaartuig (het)	kosmická loď (ž)	[kosmɪtska: lotʲ]

ruimtestation (het)	orbitální stanice (ž)	[orbɪta:lni: stanɪtsɛ]
start (de)	start (m)	[start]
motor (de)	motor (m)	[motor]
straalpijp (de)	tryska (ž)	[trɪska]
brandstof (de)	palivo (s)	[palɪvo]
cabine (de)	kabina (ž)	[kabɪna]
antenne (de)	anténa (ž)	[antɛ:na]
patrijspoort (de)	okénko (s)	[okɛ:ŋko]
zonnebatterij (de)	sluneční baterie (ž)	[slunɛtʃni: batɛrɪe]
ruimtepak (het)	skafandr (m)	[skafandr]
gewichtloosheid (de)	beztížný stav (m)	[bɛzti:ʒni: staf]
zuurstof (de)	kyslík (m)	[kɪsli:k]
koppeling (de)	spojení (s)	[spojɛni:]
koppeling maken	spojovat se	[spojovat sɛ]
observatorium (het)	observatoř (ž)	[opsɛrvatorʃ]
telescoop (de)	teleskop (m)	[tɛlɛskop]
waarnemen (ww)	pozorovat	[pozorovat]
exploreren (ww)	zkoumat	[skoumat]

75. De Aarde

Aarde (de)	Země (ž)	[zɛmnɛ]
aardbol (de)	zeměkoule (ž)	[zɛmnekoulɛ]
planeet (de)	planeta (ž)	[planɛta]
atmosfeer (de)	atmosféra (ž)	[atmosfɛ:ra]
aardrijkskunde (de)	zeměpis (m)	[zɛmnepɪs]
natuur (de)	příroda (ž)	[prʃi:roda]
wereldbol (de)	glóbus (m)	[glo:bus]
kaart (de)	mapa (ž)	[mapa]
atlas (de)	atlas (m)	[atlas]
Europa (het)	Evropa (ž)	[ɛvropa]
Azië (het)	Asie (ž)	[azɪe]
Afrika (het)	Afrika (ž)	[afrɪka]
Australië (het)	Austrálie (ž)	[austra:lɪe]
Amerika (het)	Amerika (ž)	[amɛrɪka]
Noord-Amerika (het)	Severní Amerika (ž)	[sɛvɛrni: amɛrɪka]
Zuid-Amerika (het)	Jižní Amerika (ž)	[jɪʒni: amɛrɪka]
Antarctica (het)	Antarktida (ž)	[antarkti:da]
Arctis (de)	Arktida (ž)	[arktɪda]

76. Windrichtingen

noorden (het)	sever (m)	[sɛvɛr]
naar het noorden	na sever	[na sɛvɛr]

| in het noorden | na severu | [na sɛvɛru] |
| noordelijk (bn) | severní | [sɛvɛrni:] |

zuiden (het)	jih (m)	[jɪx]
naar het zuiden	na jih	[na jɪx]
in het zuiden	na jihu	[na jɪhu]
zuidelijk (bn)	jižní	[jɪʒni:]

westen (het)	západ (m)	[za:pat]
naar het westen	na západ	[na za:pat]
in het westen	na západě	[na za:padɛ]
westelijk (bn)	západní	[za:padni:]

oosten (het)	východ (m)	[vi:xot]
naar het oosten	na východ	[na vi:xot]
in het oosten	na východě	[na vi:xodɛ]
oostelijk (bn)	východní	[vi:xodni:]

77. Zee. Oceaan

zee (de)	moře (s)	[morʒɛ]
oceaan (de)	oceán (m)	[oʦɛa:n]
golf (baai)	záliv (m)	[za:lɪf]
straat (de)	průliv (m)	[pru:lɪf]

continent (het)	pevnina (ž)	[pɛvnɪna]
eiland (het)	ostrov (m)	[ostrof]
schiereiland (het)	poloostrov (m)	[poloostrof]
archipel (de)	souostroví (s)	[souostrovi:]

baai, bocht (de)	zátoka (ž)	[za:toka]
haven (de)	přístav (m)	[prʃi:staf]
lagune (de)	laguna (ž)	[lagu:na]
kaap (de)	mys (m)	[mɪs]

atol (de)	atol (m)	[atol]
rif (het)	útes (m)	[u:tɛs]
koraal (het)	korál (m)	[kora:l]
koraalrif (het)	korálový útes (m)	[kora:lovi: u:tɛs]

diep (bn)	hluboký	[hluboki:]
diepte (de)	hloubka (ž)	[hloupka]
diepzee (de)	hlubina (ž)	[hlubɪna]
trog (bijv. Marianentrog)	prohlubeň (ž)	[prohlubɛnʲ]

| stroming (de) | proud (m) | [prout] |
| omspoelen (ww) | omývat | [omi:vat] |

| oever (de) | břeh (m) | [brʒɛx] |
| kust (de) | pobřeží (s) | [pobrʒɛʒi:] |

vloed (de)	příliv (m)	[prʃi:lɪf]
eb (de)	odliv (m)	[odlɪf]
ondiepte (ondiep water)	mělčina (ž)	[mnelʧɪna]

bodem (de)	dno (s)	[dno]
golf (hoge ~)	vlna (ž)	[vlna]
golfkam (de)	hřbet (m) vlny	[hrʒbɛt vlnɪ]
schuim (het)	pěna (ž)	[pena]

orkaan (de)	hurikán (m)	[hurɪka:n]
tsunami (de)	tsunami (s)	[tsunamɪ]
windstilte (de)	bezvětří (s)	[bɛzvetrʃi:]
kalm (bijv. ~e zee)	klidný	[klɪdni:]

| pool (de) | pól (m) | [po:l] |
| polair (bn) | polární | [pola:rni:] |

breedtegraad (de)	šířka (ž)	[ʃi:rʃka]
lengtegraad (de)	délka (ž)	[dɛ:lka]
parallel (de)	rovnoběžka (ž)	[rovnobeʃka]
evenaar (de)	rovník (m)	[rovni:k]

hemel (de)	obloha (ž)	[obloha]
horizon (de)	horizont (m)	[horɪzont]
lucht (de)	vzduch (m)	[vzdux]

vuurtoren (de)	maják (m)	[maja:k]
duiken (ww)	potápět se	[pota:pet sɛ]
zinken (ov. een boot)	potopit se	[potopɪt sɛ]
schatten (mv.)	bohatství (s)	[bohatstvi:]

78. Namen van zeeën en oceanen

Atlantische Oceaan (de)	Atlantický oceán (m)	[atlantɪtski: otsɛa:n]
Indische Oceaan (de)	Indický oceán (m)	[ɪndɪtski: otsɛa:n]
Stille Oceaan (de)	Tichý oceán (m)	[tɪxi: otsɛa:n]
Noordelijke IJszee (de)	Severní ledový oceán (m)	[sɛverni: lɛdovi: otsɛa:n]

Zwarte Zee (de)	Černé moře (s)	[tʃɛrnɛ: morʒɛ]
Rode Zee (de)	Rudé moře (s)	[rudɛ: morʒɛ]
Gele Zee (de)	Žluté moře (s)	[ʒlutɛ: morʒɛ]
Witte Zee (de)	Bílé moře (s)	[bi:lɛ: morʒɛ]

Kaspische Zee (de)	Kaspické moře (s)	[kaspɪtskɛ: morʒɛ]
Dode Zee (de)	Mrtvé moře (s)	[mrtvɛ: morʒɛ]
Middellandse Zee (de)	Středozemní moře (s)	[strʃedozɛmni: morʒɛ]

| Egeïsche Zee (de) | Egejské moře (s) | [ɛgɛjskɛ: morʒɛ] |
| Adriatische Zee (de) | Jaderské moře (s) | [jadɛrskɛ: morʒɛ] |

Arabische Zee (de)	Arabské moře (s)	[arapskɛ: morʒɛ]
Japanse Zee (de)	Japonské moře (s)	[japonskɛ: morʒɛ]
Beringzee (de)	Beringovo moře (s)	[bɛrɪngovo morʒɛ]
Zuid-Chinese Zee (de)	Jihočínské moře (s)	[jɪhotʃi:nskɛ: morʒɛ]

Koraalzee (de)	Korálové moře (s)	[kora:lovɛ: morʒɛ]
Tasmanzee (de)	Tasmanovo moře (s)	[tasmanovo morʒɛ]
Caribische Zee (de)	Karibské moře (s)	[karɪpskɛ: morʒɛ]

| Barentszzee (de) | Barentsovo moře (s) | [barɛntsovo morʒɛ] |
| Karische Zee (de) | Karské moře (s) | [karskɛ: morʒɛ] |

Noordzee (de)	Severní moře (s)	[sɛvɛrni: morʒɛ]
Baltische Zee (de)	Baltské moře (s)	[baltskɛ: morʒɛ]
Noorse Zee (de)	Norské moře (s)	[norskɛ: morʒɛ]

79. Bergen

berg (de)	hora (ž)	[hora]
bergketen (de)	horské pásmo (s)	[horskɛ: pa:smo]
gebergte (het)	horský hřbet (m)	[horski: hrʒbɛt]

| bergtop (de) | vrchol (m) | [vrxol] |
| bergpiek (de) | štít (m) | [ʃti:t] |

| voet (ov. de berg) | úpatí (s) | [u:pati:] |
| helling (de) | svah (m) | [svax] |

vulkaan (de)	sopka (ž)	[sopka]
actieve vulkaan (de)	činná sopka (ž)	[tʃɪnna: sopka]
uitgedoofde vulkaan (de)	vyhaslá sopka (ž)	[vɪhasla: sopka]

uitbarsting (de)	výbuch (m)	[vi:bux]
krater (de)	kráter (m)	[kra:tɛr]
magma (het)	magma (ž)	[magma]

| lava (de) | láva (ž) | [la:va] |
| gloeiend (~e lava) | rozžhavený | [rozʒhavɛni:] |

kloof (canyon)	kaňon (m)	[kanʲon]
bergkloof (de)	soutěska (ž)	[souteska]
spleet (de)	rozsedlina (ž)	[rozsɛdlɪna]

| bergpas (de) | průsmyk (m) | [pru:smɪk] |
| plateau (het) | plató (s) | [plato:] |

| klip (de) | skála (ž) | [ska:la] |
| heuvel (de) | kopec (m) | [kopɛts] |

| gletsjer (de) | ledovec (m) | [lɛdovɛts] |
| waterval (de) | vodopád (m) | [vodopa:t] |

| geiser (de) | vřídlo (s) | [vrʒi:dlo] |
| meer (het) | jezero (s) | [jɛzɛro] |

vlakte (de)	rovina (ž)	[rovɪna]
landschap (het)	krajina (ž)	[krajɪna]
echo (de)	ozvěna (ž)	[ozvena]

alpinist (de)	horolezec (m)	[horolɛzɛts]
bergbeklimmer (de)	horolezec (m)	[horolɛzɛts]
trotseren (berg ~)	dobývat	[dobi:vat]
beklimming (de)	výstup (m)	[vi:stup]

80. Bergen namen

Alpen (de)	Alpy (mn)	[alpɪ]
Mont Blanc (de)	Mont Blanc (m)	[monblaŋ]
Pyreneeën (de)	Pyreneje (mn)	[pɪrɛnɛjɛ]

Karpaten (de)	Karpaty (mn)	[karpatɪ]
Oeralgebergte (het)	Ural (m)	[ural]
Kaukasus (de)	Kavkaz (m)	[kafkaz]
Elbroes (de)	Elbrus (m)	[ɛlbrus]

Altaj (de)	Altaj (m)	[altaj]
Tiensjan (de)	Ťan-šan (ž)	[tʲan-ʃan]
Pamir (de)	Pamír (m)	[pami:r]
Himalaya (de)	Himaláje (mn)	[hɪmala:jɛ]
Everest (de)	Mount Everest (m)	[mount ɛvɛrɛst]

| Andes (de) | Andy (mn) | [andɪ] |
| Kilimanjaro (de) | Kilimandžáro (s) | [kɪlɪmandʒa:ro] |

81. Rivieren

rivier (de)	řeka (ž)	[rʒɛka]
bron (~ van een rivier)	pramen (m)	[pramɛn]
rivierbedding (de)	koryto (s)	[korɪto]
rivierbekken (het)	povodí (s)	[povodi:]
uitmonden in …	vlévat se	[vlɛ:vat sɛ]

| zijrivier (de) | přítok (m) | [prʃi:tok] |
| oever (de) | břeh (m) | [brʒɛx] |

stroming (de)	proud (m)	[prout]
stroomafwaarts (bw)	po proudu	[po proudu]
stroomopwaarts (bw)	proti proudu	[protɪ proudu]

overstroming (de)	povodeň (ž)	[povodɛnʲ]
overstroming (de)	záplava (ž)	[za:plava]
buiten zijn oevers treden	rozlévat se	[rozlɛ:vat sɛ]
overstromen (ww)	zaplavovat	[zaplavovat]

| zandbank (de) | mělčina (ž) | [mnelʧɪna] |
| stroomversnelling (de) | peřej (ž) | [pɛrʒɛj] |

dam (de)	přehrada (ž)	[prʃehrada]
kanaal (het)	průplav (m)	[pru:plaf]
spaarbekken (het)	vodní nádrž (ž)	[vodni: na:drʃ]
sluis (de)	zdymadlo (s)	[zdɪmadlo]

waterlichaam (het)	vodojem (m)	[vodojɛm]
moeras (het)	bažina (ž)	[baʒɪna]
broek (het)	slať (ž)	[slatʲ]
draaikolk (de)	vír (m)	[vi:r]
stroom (de)	potok (m)	[potok]

| drink- (abn) | pitný | [pɪtni:] |
| zoet (~ water) | sladký | [slatki:] |

| ijs (het) | led (m) | [lɛt] |
| bevriezen (rivier, enz.) | zamrznout | [zamrznout] |

82. Namen van rivieren

| Seine (de) | Seina (ž) | [se:na] |
| Loire (de) | Loira (ž) | [loa:ra] |

Theems (de)	Temže (ž)	[tɛmʒe]
Rijn (de)	Rýn (m)	[ri:n]
Donau (de)	Dunaj (m)	[dunaj]

Wolga (de)	Volha (ž)	[volha]
Don (de)	Don (m)	[don]
Lena (de)	Lena (ž)	[lɛna]

Gele Rivier (de)	Chuang-chež (ž)	[xuan-xɛ]
Blauwe Rivier (de)	Jang-c'-tʼiang (ž)	[jang-ts̪ɛ-tʼang]
Mekong (de)	Mekong (m)	[mɛkong]
Ganges (de)	Ganga (ž)	[ganga]

Nijl (de)	Nil (m)	[nɪl]
Kongo (de)	Kongo (s)	[kongo]
Okavango (de)	Okavango (s)	[okavango]
Zambezi (de)	Zambezi (ž)	[zambɛzɪ]
Limpopo (de)	Limpopo (s)	[lɪmpopo]
Mississippi (de)	Mississippi (ž)	[mɪsɪsɪpɪ]

83. Bos

| bos (het) | les (m) | [lɛs] |
| bos- (abn) | lesní | [lɛsni:] |

oerwoud (dicht bos)	houština (ž)	[houʃtɪna]
bosje (klein bos)	háj (m)	[ha:j]
open plek (de)	mýtina (ž)	[mi:tɪna]

| struikgewas (het) | houští (s) | [houʃti:] |
| struiken (mv.) | křoví (s) | [krʃovi:] |

| paadje (het) | stezka (ž) | [stɛska] |
| ravijn (het) | rokle (ž) | [roklɛ] |

boom (de)	strom (m)	[strom]
blad (het)	list (m)	[lɪst]
gebladerte (het)	listí (s)	[lɪsti:]

| vallende bladeren (mv.) | padání (s) listí | [pada:ni: lɪsti:] |
| vallen (ov. de bladeren) | opadávat | [opada:vat] |

boomtop (de)	vrchol (m)	[vrxol]
tak (de)	větev (ž)	[vetɛf]
ent (de)	suk (m)	[suk]
knop (de)	pupen (m)	[pupɛn]
naald (de)	jehla (ž)	[jɛhla]
dennenappel (de)	šiška (ž)	[ʃɪʃka]

boom holte (de)	dutina (ž)	[dutɪna]
nest (het)	hnízdo (s)	[hni:zdo]
hol (het)	doupě (s)	[doupe]

stam (de)	kmen (m)	[kmɛn]
wortel (bijv. boom~s)	kořen (m)	[korʒɛn]
schors (de)	kůra (ž)	[ku:ra]
mos (het)	mech (m)	[mɛx]

ontwortelen (een boom)	klučit	[klutʃɪt]
kappen (een boom ~)	kácet	[ka:tsɛt]
ontbossen (ww)	odlesnit	[odlesnɪt]
stronk (de)	pařez (m)	[parʒɛz]

kampvuur (het)	oheň (m)	[ohɛnʲ]
bosbrand (de)	požár (m)	[poʒa:r]
blussen (ww)	hasit	[hasɪt]

boswachter (de)	hajný (m)	[hajni:]
bescherming (de)	ochrana (ž)	[oxrana]
beschermen (bijv. de natuur ~)	chránit	[xra:nɪt]
stroper (de)	pytlák (m)	[pɪtla:k]
val (de)	past (ž)	[past]

| plukken (vruchten, enz.) | sbírat | [zbi:rat] |
| verdwalen (de weg kwijt zijn) | zabloudit | [zabloudɪt] |

84. Natuurlijke hulpbronnen

natuurlijke rijkdommen (mv.)	přírodní zdroje (m mn)	[prʃi:rodni: zdrojɛ]
delfstoffen (mv.)	užitkové nerosty (m mn)	[uʒɪtkovɛ: nɛrostɪ]
lagen (mv.)	ložisko (s)	[loʒɪsko]
veld (bijv. olie~)	naleziště (s)	[nalezɪʃte]

winnen (uit erts ~)	dobývat	[dobi:vat]
winning (de)	těžba (ž)	[teʒba]
erts (het)	ruda (ž)	[ruda]
mijn (bijv. kolenmijn)	důl (m)	[du:l]
mijnschacht (de)	šachta (ž)	[ʃaxta]
mijnwerker (de)	horník (m)	[horni:k]

| gas (het) | plyn (m) | [plɪn] |
| gasleiding (de) | plynovod (m) | [plɪnovot] |

| olie (aardolie) | ropa (ž) | [ropa] |
| olieleiding (de) | ropovod (m) | [ropovot] |

oliebron (de)	ropová věž (ž)	[ropova: veʃ]
boortoren (de)	vrtná věž (ž)	[vrtna: veʃ]
tanker (de)	tanková loď (ž)	[taŋkova: lotʲ]

zand (het)	písek (m)	[pi:sɛk]
kalksteen (de)	vápenec (m)	[va:pɛnɛts]
grind (het)	štěrk (m)	[ʃterk]
veen (het)	rašelina (ž)	[raʃɛlɪna]
klei (de)	hlína (ž)	[hli:na]
steenkool (de)	uhlí (s)	[uhli:]

ijzer (het)	železo (s)	[ʒelɛzo]
goud (het)	zlato (s)	[zlato]
zilver (het)	stříbro (s)	[strʃi:bro]
nikkel (het)	nikl (m)	[nɪkl]
koper (het)	měď (ž)	[mnetʲ]

zink (het)	zinek (m)	[zɪnɛk]
mangaan (het)	mangan (m)	[mangan]
kwik (het)	rtuť (ž)	[rtutʲ]
lood (het)	olovo (s)	[olovo]

mineraal (het)	minerál (m)	[mɪnɛra:l]
kristal (het)	krystal (m)	[krɪstal]
marmer (het)	mramor (m)	[mramor]
uraan (het)	uran (m)	[uran]

85. Weer

weer (het)	počasí (s)	[potʃasi:]
weersvoorspelling (de)	předpověď (ž) počasí	[prʃɛtpovetʲ potʃasi:]
temperatuur (de)	teplota (ž)	[tɛplota]
thermometer (de)	teploměr (m)	[tɛplomner]
barometer (de)	barometr (m)	[baromɛtr]

vochtigheid (de)	vlhkost (ž)	[vlxkost]
hitte (de)	horko (s)	[horko]
heet (bn)	horký	[horki:]
het is heet	horko	[horko]

het is warm	teplo	[tɛplo]
warm (bn)	teplý	[tɛpli:]

het is koud	je zima	[jɛ zɪma]
koud (bn)	studený	[studɛni:]

zon (de)	slunce (s)	[sluntsɛ]
schijnen (de zon)	svítit	[svi:tɪt]
zonnig (~e dag)	slunečný	[slunɛtʃni:]
opgaan (ov. de zon)	vzejít	[vzɛji:t]
ondergaan (ww)	zapadnout	[zapadnout]

wolk (de)	mrak (m)	[mrak]
bewolkt (bn)	oblačný	[oblatʃni:]

regenwolk (de)	mračno (s)	[mratʃno]
somber (bn)	pochmurný	[poxmurni:]

regen (de)	déšť (m)	[dɛ:ʃtⁱ]
het regent	prší	[prʃi:]
regenachtig (bn)	deštivý	[dɛʃtɪvi:]
motregenen (ww)	mrholit	[mrholɪt]

plensbui (de)	liják (m)	[lɪja:k]
stortbui (de)	liják (m)	[lɪja:k]
hard (bn)	silný	[sɪlni:]
plas (de)	kaluž (ž)	[kaluʃ]
nat worden (ww)	moknout	[moknout]

mist (de)	mlha (ž)	[mlha]
mistig (bn)	mlhavý	[mlhavi:]
sneeuw (de)	sníh (m)	[sni:x]
het sneeuwt	sněží	[sneʒi:]

86. Zwaar weer. Natuurrampen

noodweer (storm)	bouřka (ž)	[bourʃka]
bliksem (de)	blesk (m)	[blɛsk]
flitsen (ww)	blýskat se	[bli:skat sɛ]

donder (de)	hřmění (s)	[hrʒmneni:]
donderen (ww)	hřmít	[hrʒmi:t]
het dondert	hřmí	[hrʒmi:]

hagel (de)	kroupy (ž mn)	[kroupɪ]
het hagelt	padají kroupy	[padaji: kroupɪ]

overstromen (ww)	zaplavit	[zaplavɪt]
overstroming (de)	povodeň (ž)	[povodɛnⁱ]

aardbeving (de)	zemětřesení (s)	[zɛmnetrʃɛsɛni:]
aardschok (de)	otřes (m)	[otrʃɛs]
epicentrum (het)	epicentrum (s)	[ɛpɪtsɛntrum]

uitbarsting (de)	výbuch (m)	[vi:bux]
lava (de)	láva (ž)	[la:va]

wervelwind (de)	smršť (ž)	[smrʃtⁱ]
windhoos (de)	tornádo (s)	[torna:do]
tyfoon (de)	tajfun (m)	[tajfun]

orkaan (de)	hurikán (m)	[hurɪka:n]
storm (de)	bouřka (ž)	[bourʃka]
tsunami (de)	tsunami (s)	[tsunamɪ]

cycloon (de)	cyklón (m)	[tsiklo:n]
onweer (het)	nečas (m)	[nɛtʃas]
brand (de)	požár (m)	[poʒa:r]
ramp (de)	katastrofa (ž)	[katastrofa]

meteoriet (de)	meteorit (m)	[mɛtɛorɪt]
lawine (de)	lavina (ž)	[lavɪna]
sneeuwverschuiving (de)	lavina (ž)	[lavɪna]
sneeuwjacht (de)	metelice (ž)	[mɛtɛlɪtsɛ]
sneeuwstorm (de)	vánice (ž)	[va:nɪtsɛ]

FAUNA

87. Zoogdieren. Roofdieren

roofdier (het)	šelma (ž)	[ʃɛlma]
tijger (de)	tygr (m)	[tɪgr]
leeuw (de)	lev (m)	[lɛf]
wolf (de)	vlk (m)	[vlk]
vos (de)	liška (ž)	[lɪʃka]
jaguar (de)	jaguár (m)	[jagua:r]
luipaard (de)	levhart (m)	[lɛvhart]
jachtluipaard (de)	gepard (m)	[gɛpart]
panter (de)	panter (m)	[pantɛr]
poema (de)	puma (ž)	[puma]
sneeuwluipaard (de)	pardál (m)	[parda:l]
lynx (de)	rys (m)	[rɪs]
coyote (de)	kojot (m)	[kojot]
jakhals (de)	šakal (m)	[ʃakal]
hyena (de)	hyena (ž)	[hɪena]

88. Wilde dieren

dier (het)	zvíře (s)	[zvi:rʒɛ]
beest (het)	zvíře (s)	[zvi:rʒɛ]
eekhoorn (de)	veverka (ž)	[vɛvɛrka]
egel (de)	ježek (m)	[jɛʒek]
haas (de)	zajíc (m)	[zaji:ts]
konijn (het)	králík (m)	[kra:li:k]
das (de)	jezevec (m)	[jɛzɛvɛts]
wasbeer (de)	mýval (m)	[mi:val]
hamster (de)	křeček (m)	[krʃɛtʃɛk]
marmot (de)	svišť (m)	[svɪʃtʲ]
mol (de)	krtek (m)	[krtɛk]
muis (de)	myš (ž)	[mɪʃ]
rat (de)	krysa (ž)	[krɪsa]
vleermuis (de)	netopýr (m)	[nɛtopi:r]
hermelijn (de)	hranostaj (m)	[hranostaj]
sabeldier (het)	sobol (m)	[sobol]
marter (de)	kuna (ž)	[kuna]
wezel (de)	lasice (ž)	[lasɪtsɛ]
nerts (de)	norek (m)	[norɛk]

bever (de)	bobr (m)	[bobr]
otter (de)	vydra (ž)	[vɪdra]

paard (het)	kůň (m)	[kuːnʲ]
eland (de)	los (m)	[los]
hert (het)	jelen (m)	[jɛlɛn]
kameel (de)	velbloud (m)	[vɛlblout]

bizon (de)	bizon (m)	[bɪzon]
wisent (de)	zubr (m)	[zubr]
buffel (de)	buvol (m)	[buvol]

zebra (de)	zebra (ž)	[zɛbra]
antilope (de)	antilopa (ž)	[antɪlopa]
ree (de)	srnka (ž)	[srŋka]
damhert (het)	daněk (m)	[danek]
gems (de)	kamzík (m)	[kamziːk]
everzwijn (het)	vepř (m)	[vɛprʃ]

walvis (de)	velryba (ž)	[vɛlrɪba]
rob (de)	tuleň (m)	[tulɛnʲ]
walrus (de)	mrož (m)	[mroʃ]
zeebeer (de)	lachtan (m)	[laxtan]
dolfijn (de)	delfín (m)	[dɛlfiːn]

beer (de)	medvěd (m)	[mɛdvet]
ijsbeer (de)	bílý medvěd (m)	[biːli: mɛdvet]
panda (de)	panda (ž)	[panda]

aap (de)	opice (ž)	[opɪtsɛ]
chimpansee (de)	šimpanz (m)	[ʃɪmpanz]
orang-oetan (de)	orangutan (m)	[orangutan]
gorilla (de)	gorila (ž)	[gorɪla]
makaak (de)	makak (m)	[makak]
gibbon (de)	gibon (m)	[gɪbon]

olifant (de)	slon (m)	[slon]
neushoorn (de)	nosorožec (m)	[nosoroʒets]
giraffe (de)	žirafa (ž)	[ʒɪrafa]
nijlpaard (het)	hroch (m)	[hrox]

kangoeroe (de)	klokan (m)	[klokan]
koala (de)	koala (ž)	[koala]

mangoest (de)	promyka (ž) indická	[promɪka ɪndɪtska:]
chinchilla (de)	činčila (ž)	[tʃɪntʃɪla]
stinkdier (het)	skunk (m)	[skuŋk]
stekelvarken (het)	dikobraz (m)	[dɪkobras]

89. Huisdieren

poes (de)	kočka (ž)	[kotʃka]
kater (de)	kocour (m)	[kotsour]
hond (de)	pes (m)	[pɛs]

paard (het)	kůň (m)	[ku:nʲ]
hengst (de)	hřebec (m)	[hrʒɛbɛʦ]
merrie (de)	kobyla (ž)	[kobɪla]

koe (de)	kráva (ž)	[kra:va]
bul, stier (de)	býk (m)	[bi:k]
os (de)	vůl (m)	[vu:l]

schaap (het)	ovce (ž)	[ovʦɛ]
ram (de)	beran (m)	[bɛran]
geit (de)	koza (ž)	[koza]
bok (de)	kozel (m)	[kozɛl]

| ezel (de) | osel (m) | [osɛl] |
| muilezel (de) | mul (m) | [mul] |

varken (het)	prase (s)	[prasɛ]
biggetje (het)	prasátko (s)	[prasa:tko]
konijn (het)	králík (m)	[kra:li:k]

| kip (de) | slepice (ž) | [slɛpɪʦɛ] |
| haan (de) | kohout (m) | [kohout] |

eend (de)	kachna (ž)	[kaxna]
woerd (de)	kačer (m)	[katʃɛr]
gans (de)	husa (ž)	[husa]

| kalkoen haan (de) | krocan (m) | [kroʦan] |
| kalkoen (de) | krůta (ž) | [kru:ta] |

huisdieren (mv.)	domácí zvířata (s mn)	[doma:ʦi: zvi:rʒata]
tam (bijv. hamster)	ochočený	[oxoʧɛni:]
temmen (tam maken)	ochočovat	[oxoʧovat]
fokken (bijv. paarden ~)	chovat	[xovat]

boerderij (de)	farma (ž)	[farma]
gevogelte (het)	drůbež (ž)	[dru:bɛʃ]
rundvee (het)	dobytek (m)	[dobɪtɛk]
kudde (de)	stádo (s)	[sta:do]

paardenstal (de)	stáj (ž)	[sta:j]
zwijnenstal (de)	vepřín (m)	[vɛprʃi:n]
koeienstal (de)	kravín (m)	[kravi:n]
konijnenhok (het)	králíkárna (ž)	[kra:li:ka:rna]
kippenhok (het)	kurník (m)	[kurni:k]

90. Vogels

vogel (de)	pták (m)	[pta:k]
duif (de)	holub (m)	[holup]
mus (de)	vrabec (m)	[vrabɛʦ]
koolmees (de)	sýkora (ž)	[si:kora]
ekster (de)	straka (ž)	[straka]
raaf (de)	havran (m)	[havran]

kraai (de)	vrána (ž)	[vra:na]
kauw (de)	kavka (ž)	[kafka]
roek (de)	polní havran (m)	[polni: havran]

eend (de)	kachna (ž)	[kaxna]
gans (de)	husa (ž)	[husa]
fazant (de)	bažant (m)	[baʒant]

arend (de)	orel (m)	[orɛl]
havik (de)	jestřáb (m)	[jɛstrʃa:p]
valk (de)	sokol (m)	[sokol]
gier (de)	sup (m)	[sup]
condor (de)	kondor (m)	[kondor]

zwaan (de)	labuť (ž)	[labutʲ]
kraanvogel (de)	jeřáb (m)	[jɛrʒa:p]
ooievaar (de)	čáp (m)	[ʧa:p]

papegaai (de)	papoušek (m)	[papouʃɛk]
kolibrie (de)	kolibřík (m)	[kolɪbrʒi:k]
pauw (de)	páv (m)	[pa:f]

struisvogel (de)	pštros (m)	[pʃtros]
reiger (de)	volavka (ž)	[volafka]
flamingo (de)	plameňák (m)	[plamɛnʲa:k]
pelikaan (de)	pelikán (m)	[pɛlɪka:n]

| nachtegaal (de) | slavík (m) | [slavi:k] |
| zwaluw (de) | vlaštovka (ž) | [vlaʃtofka] |

lijster (de)	drozd (m)	[drozt]
zanglijster (de)	zpěvný drozd (m)	[spevni: drozt]
merel (de)	kos (m)	[kos]

gierzwaluw (de)	rorejs (m)	[rorɛjs]
leeuwerik (de)	skřivan (m)	[skrʃɪvan]
kwartel (de)	křepel (m)	[krʃɛpɛl]

specht (de)	datel (m)	[datɛl]
koekoek (de)	kukačka (ž)	[kukaʧka]
uil (de)	sova (ž)	[sova]
oehoe (de)	výr (m)	[vi:r]
auerhoen (het)	tetřev (m) hlušec	[tɛtrʃɛv hluʃɛʦ]
korhoen (het)	tetřev (m)	[tɛtrʃɛf]
patrijs (de)	koroptev (ž)	[koroptɛf]

spreeuw (de)	špaček (m)	[ʃpaʧɛk]
kanarie (de)	kanár (m)	[kana:r]
hazelhoen (het)	jeřábek (m)	[jɛrʒa:bɛk]

| vink (de) | pěnkava (ž) | [peŋkava] |
| goudvink (de) | hejl (m) | [ɦɛjl] |

meeuw (de)	racek (m)	[raʦɛk]
albatros (de)	albatros (m)	[albatros]
pinguïn (de)	tučňák (m)	[tuʧnʲa:k]

91. Vis. Zeedieren

brasem (de)	cejn (m)	[tsɛjn]
karper (de)	kapr (m)	[kapr]
baars (de)	okoun (m)	[okoun]
meerval (de)	sumec (m)	[sumɛts]
snoek (de)	štika (ž)	[ʃtɪka]

zalm (de)	losos (m)	[losos]
steur (de)	jeseter (m)	[jɛsɛtɛr]

haring (de)	sleď (ž)	[slɛtʲ]
atlantische zalm (de)	losos (m)	[losos]
makreel (de)	makrela (ž)	[makrɛla]
platvis (de)	platýs (m)	[plati:s]

snoekbaars (de)	candát (m)	[tsanda:t]
kabeljauw (de)	treska (ž)	[trɛska]
tonijn (de)	tuňák (m)	[tunʲa:k]
forel (de)	pstruh (m)	[pstrux]

paling (de)	úhoř (m)	[u:horʃ]
sidderrog (de)	rejnok (m) elektrický	[rɛjnok ɛlɛktrɪtski:]
murene (de)	muréna (ž)	[murɛ:na]
piranha (de)	piraňa (ž)	[pɪranʲja]

haai (de)	žralok (m)	[ʒralok]
dolfijn (de)	delfín (m)	[dɛlfi:n]
walvis (de)	velryba (ž)	[vɛlrɪba]

krab (de)	krab (m)	[krap]
kwal (de)	medúza (ž)	[mɛdu:za]
octopus (de)	chobotnice (ž)	[xobotnɪtsɛ]

zeester (de)	hvězdice (ž)	[hvezdɪtsɛ]
zee-egel (de)	ježovka (ž)	[jɛʒofka]
zeepaardje (het)	mořský koníček (m)	[morʃski: koni:tʃɛk]

oester (de)	ústřice (ž)	[u:strʃɪtsɛ]
garnaal (de)	kreveta (ž)	[krɛvɛta]
kreeft (de)	humr (m)	[humr]
langoest (de)	langusta (ž)	[langusta]

92. Amfibieën. Reptielen

slang (de)	had (m)	[hat]
giftig (slang)	jedovatý	[jɛdovati:]

adder (de)	zmije (ž)	[zmɪjɛ]
cobra (de)	kobra (ž)	[kobra]
python (de)	krajta (ž)	[krajta]
boa (de)	hroznýš (m)	[hrozni:ʃ]
ringslang (de)	užovka (ž)	[uʒofka]

| ratelslang (de) | chřestýš (m) | [xrʃɛstiːʃ] |
| anaconda (de) | anakonda (ž) | [anakonda] |

hagedis (de)	ještěrka (ž)	[jɛʃterka]
leguaan (de)	leguán (m)	[lɛguaːn]
varaan (de)	varan (m)	[varan]
salamander (de)	mlok (m)	[mlok]
kameleon (de)	chameleón (m)	[xamɛlɛoːn]
schorpioen (de)	štír (m)	[ʃtiːr]

schildpad (de)	želva (ž)	[ʒelva]
kikker (de)	žába (ž)	[ʒaːba]
pad (de)	ropucha (ž)	[ropuxa]
krokodil (de)	krokodýl (m)	[krokodiːl]

93. Insecten

insect (het)	hmyz (m)	[hmɪz]
vlinder (de)	motýl (m)	[motiːl]
mier (de)	mravenec (m)	[mravɛnɛts]
vlieg (de)	moucha (ž)	[mouxa]
mug (de)	komár (m)	[komaːr]
kever (de)	brouk (m)	[brouk]

wesp (de)	vosa (ž)	[vosa]
bij (de)	včela (ž)	[vtʃɛla]
hommel (de)	čmelák (m)	[tʃmɛlaːk]
horzel (de)	střeček (m)	[strʃɛtʃɛk]

| spin (de) | pavouk (m) | [pavouk] |
| spinnenweb (het) | pavučina (ž) | [pavutʃɪna] |

libel (de)	vážka (ž)	[vaːʃka]
sprinkhaan (de)	kobylka (ž)	[kobɪlka]
nachtvlinder (de)	motýl (m)	[motiːl]

kakkerlak (de)	šváb (m)	[ʃvaːp]
teek (de)	klíště (s)	[kliːʃte]
vlo (de)	blecha (ž)	[blɛxa]
kriebelmug (de)	muška (ž)	[muʃka]

treksprinkhaan (de)	saranče (ž)	[sarantʃɛ]
slak (de)	hlemýžď (m)	[hlɛmiːʒtʲ]
krekel (de)	cvrček (m)	[tsvrtʃɛk]
glimworm (de)	svatojánská muška (ž)	[svatojaːnska: muʃka]
lieveheersbeestje (het)	sluníčko (s) sedmitečné	[slunɛːtʃko sɛdmɪtɛtʃnɛː]
meikever (de)	chroust (m)	[xroust]

bloedzuiger (de)	piavice (ž)	[pɪavɪtsɛ]
rups (de)	housenka (ž)	[housɛŋka]
aardworm (de)	červ (m)	[tʃɛrf]
larve (de)	larva (ž)	[larva]

FLORA

94. Bomen

boom (de)	strom (m)	[strom]
loof- (abn)	listnatý	[lɪstnati:]
dennen- (abn)	jehličnatý	[jɛhlɪtʃnati:]
groenblijvend (bn)	stálezelená	[sta:lɛzɛlɛna:]
appelboom (de)	jabloň (ž)	[jablonʲ]
perenboom (de)	hruška (ž)	[hruʃka]
zoete kers (de)	třešně (ž)	[trʃɛʃne]
zure kers (de)	višně (ž)	[vɪʃne]
pruimelaar (de)	švestka (ž)	[ʃvɛstka]
berk (de)	bříza (ž)	[brʒi:za]
eik (de)	dub (m)	[dup]
linde (de)	lípa (ž)	[li:pa]
esp (de)	osika (ž)	[osɪka]
esdoorn (de)	javor (m)	[javor]
spar (de)	smrk (m)	[smrk]
den (de)	borovice (ž)	[borovɪtsɛ]
lariks (de)	modřín (m)	[modrʒi:n]
zilverspar (de)	jedle (ž)	[jɛdlɛ]
ceder (de)	cedr (m)	[tsɛdr]
populier (de)	topol (m)	[topol]
lijsterbes (de)	jeřáb (m)	[jɛrʒa:p]
wilg (de)	jíva (ž)	[ji:va]
els (de)	olše (ž)	[olʃɛ]
beuk (de)	buk (m)	[buk]
iep (de)	jilm (m)	[jɪlm]
es (de)	jasan (m)	[jasan]
kastanje (de)	kaštan (m)	[kaʃtan]
magnolia (de)	magnólie (ž)	[magno:lɪe]
palm (de)	palma (ž)	[palma]
cipres (de)	cypřiš (m)	[tsɪprʃɪʃ]
mangrove (de)	mangróvie (ž)	[mangro:vɪe]
baobab (apenbroodboom)	baobab (m)	[baobap]
eucalyptus (de)	eukalypt (m)	[ɛukalɪpt]
mammoetboom (de)	sekvoje (ž)	[sɛkvojɛ]

95. Heesters

struik (de)	keř (m)	[kɛrʃ]
heester (de)	křoví (s)	[krʃovi:]

wijnstok (de)	vinná réva (s)	[vɪnna: reːva]
wijngaard (de)	vinice (ž)	[vɪnɪtsɛ]
frambozenstruik (de)	maliny (ž mn)	[malɪnɪ]
rode bessenstruik (de)	červený rybíz (m)	[ʧɛrvɛni: rɪbiːz]
kruisbessenstruik (de)	angrešt (m)	[angrɛʃt]

acacia (de)	akácie (ž)	[aka:tsɪe]
zuurbes (de)	dřišťál (m)	[drʒɪʃtᶦaːl]
jasmijn (de)	jasmín (m)	[jasmiːn]
jeneverbes (de)	jalovec (m)	[jalovɛts]
rozenstruik (de)	růžový keř (m)	[ruːʒovi: kɛrʃ]
hondsroos (de)	šípek (m)	[ʃiːpɛk]

96. Vruchten. Bessen

appel (de)	jablko (s)	[jablko]
peer (de)	hruška (ž)	[hruʃka]
pruim (de)	švestka (ž)	[ʃvɛstka]

aardbei (de)	zahradní jahody (ž mn)	[zahradni: jahodɪ]
zure kers (de)	višně (ž)	[vɪʃne]
zoete kers (de)	třešně (ž mn)	[trʃɛʃne]
druif (de)	hroznové víno (s)	[hroznovɛː vi:no]

framboos (de)	maliny (ž mn)	[malɪnɪ]
zwarte bes (de)	černý rybíz (m)	[ʧɛrni: rɪbiːz]
rode bes (de)	červený rybíz (m)	[ʧɛrvɛni: rɪbiːz]
kruisbes (de)	angrešt (m)	[angrɛʃt]
veenbes (de)	klikva (ž)	[klɪkva]

sinaasappel (de)	pomeranč (m)	[pomɛranʧ]
mandarijn (de)	mandarinka (ž)	[mandarɪŋka]
ananas (de)	ananas (m)	[ananas]
banaan (de)	banán (m)	[bana:n]
dadel (de)	datle (ž)	[datlɛ]

citroen (de)	citrón (m)	[tsɪtroːn]
abrikoos (de)	meruňka (ž)	[mɛrunᶦka]
perzik (de)	broskev (ž)	[broskɛf]
kiwi (de)	kiwi (s)	[kɪvɪ]
grapefruit (de)	grapefruit (m)	[grɛjpfruːt]

bes (de)	bobule (ž)	[bobulɛ]
bessen (mv.)	bobule (ž mn)	[bobulɛ]
vossenbes (de)	brusinky (ž mn)	[brusɪŋkɪ]
bosaardbei (de)	jahody (ž mn)	[jahodɪ]
blauwe bosbes (de)	borůvky (ž mn)	[boru:fkɪ]

97. Bloemen. Planten

| bloem (de) | květina (ž) | [kvetɪna] |
| boeket (het) | kytice (ž) | [kɪtɪtsɛ] |

roos (de)	růže (ž)	[ru:ʒe]
tulp (de)	tulipán (m)	[tulɪpa:n]
anjer (de)	karafiát (m)	[karafɪa:t]
gladiool (de)	mečík (m)	[mɛtʃi:k]
korenbloem (de)	chrpa (ž)	[xrpa]
klokje (het)	zvoneček (m)	[zvonɛtʃɛk]
paardenbloem (de)	pampeliška (ž)	[pampɛlɪʃka]
kamille (de)	heřmánek (m)	[hɛrʒma:nɛk]
aloë (de)	aloe (s)	[aloɛ]
cactus (de)	kaktus (m)	[kaktus]
ficus (de)	fíkus (m)	[fi:kus]
lelie (de)	lilie (ž)	[lɪlɪe]
geranium (de)	geránie (ž)	[gera:nɪe]
hyacint (de)	hyacint (m)	[hɪatsɪnt]
mimosa (de)	citlivka (ž)	[tsɪtlɪfka]
narcis (de)	narcis (m)	[nartsɪs]
Oost-Indische kers (de)	potočnice (ž)	[pototʃnɪtsɛ]
orchidee (de)	orchidej (ž)	[orxɪdɛj]
pioenroos (de)	pivoňka (ž)	[pɪvonʲka]
viooltje (het)	fialka (ž)	[fɪalka]
driekleurig viooltje (het)	maceška (ž)	[matsɛʃka]
vergeet-mij-nietje (het)	pomněnka (ž)	[pomnɛŋka]
madeliefje (het)	sedmikráska (ž)	[sɛdmɪkra:ska]
papaver (de)	mák (m)	[ma:k]
hennep (de)	konopě (ž)	[konope]
munt (de)	máta (ž)	[ma:ta]
lelietje-van-dalen (het)	konvalinka (ž)	[konvalɪŋka]
sneeuwklokje (het)	sněženka (ž)	[snɛʒeŋka]
brandnetel (de)	kopřiva (ž)	[koprʃɪva]
veldzuring (de)	šťovík (m)	[ʃtʲovi:k]
waterlelie (de)	leknín (m)	[lɛkni:n]
varen (de)	kapradí (s)	[kapradi:]
korstmos (het)	lišejník (m)	[lɪʃɛjni:k]
oranjerie (de)	oranžérie (ž)	[oranʒe:rɪe]
gazon (het)	trávník (m)	[tra:vni:k]
bloemperk (het)	květinový záhonek (m)	[kvɛtɪnovi: za:honɛk]
plant (de)	rostlina (ž)	[rostlɪna]
gras (het)	tráva (ž)	[tra:va]
grasspriet (de)	stéblo (s) trávy	[stɛ:blo tra:vɪ]
blad (het)	list (m)	[lɪst]
bloemblad (het)	okvětní lístek (m)	[okvetni: li:stɛk]
stengel (de)	stéblo (s)	[stɛ:blo]
knol (de)	hlíza (ž)	[hli:za]
scheut (de)	výhonek (m)	[vi:honɛk]

doorn (de)	osten (m)	[ostɛn]
bloeien (ww)	kvést	[kvɛ:st]
verwelken (ww)	vadnout	[vadnout]
geur (de)	vůně (ž)	[vu:ne]
snijden (bijv. bloemen ~)	uříznout	[urʒi:znout]
plukken (bloemen ~)	utrhnout	[utrhnout]

98. Granen, graankorrels

graan (het)	obilí (s)	[obɪli:]
graangewassen (mv.)	obilniny (ž mn)	[obɪlnɪnɪ]
aar (de)	klas (m)	[klas]
tarwe (de)	pšenice (ž)	[pʃɛnɪtsɛ]
rogge (de)	žito (s)	[ʒɪto]
haver (de)	oves (m)	[ovɛs]
gierst (de)	jáhly (ž mn)	[ja:hlɪ]
gerst (de)	ječmen (m)	[jɛtʃmɛn]
maïs (de)	kukuřice (ž)	[kukurʒɪtsɛ]
rijst (de)	rýže (ž)	[ri:ʒe]
boekweit (de)	pohanka (ž)	[pohaŋka]
erwt (de)	hrách (m)	[hra:x]
nierboon (de)	fazole (ž)	[fazolɛ]
soja (de)	sója (ž)	[so:ja]
linze (de)	čočka (ž)	[tʃotʃka]
bonen (mv.)	boby (m mn)	[bobɪ]

LANDEN VAN DE WERELD

99. Landen. Deel 1

Afghanistan (het)	Afghánistán (m)	[afga:nɪsta:n]
Albanië (het)	Albánie (ž)	[alba:nɪe]
Argentinië (het)	Argentina (ž)	[argɛntɪna]
Armenië (het)	Arménie (ž)	[armɛ:nɪe]
Australië (het)	Austrálie (ž)	[austra:lɪe]
Azerbeidzjan (het)	Ázerbájdžán (m)	[a:zɛrba:jdʒa:n]

Bahama's (mv.)	Bahamy (ž mn)	[bahamɪ]
Bangladesh (het)	Bangladéš (m)	[bangladɛ:ʃ]
België (het)	Belgie (ž)	[bɛlgɪe]
Bolivia (het)	Bolívie (ž)	[boli:vɪe]
Bosnië en Herzegovina (het)	Bosna a Hercegovina (ž)	[bosna a hɛrtsɛgovɪna]
Brazilië (het)	Brazílie (ž)	[brazi:lɪe]
Bulgarije (het)	Bulharsko (s)	[bulharsko]

Cambodja (het)	Kambodža (ž)	[kambodʒa]
Canada (het)	Kanada (ž)	[kanada]
Chili (het)	Chile (s)	[ʧɪlɛ]
China (het)	Čína (ž)	[ʧi:na]
Colombia (het)	Kolumbie (ž)	[kolumbɪe]
Cuba (het)	Kuba (ž)	[kuba]
Cyprus (het)	Kypr (m)	[kɪpr]

Denemarken (het)	Dánsko (s)	[da:nsko]
Dominicaanse Republiek (de)	Dominikánská republika (ž)	[domɪnɪka:nska: rɛpublɪka]
Duitsland (het)	Německo (s)	[nemɛtsko]
Ecuador (het)	Ekvádor (m)	[ɛkva:dor]
Egypte (het)	Egypt (m)	[ɛgɪpt]
Engeland (het)	Anglie (ž)	[anglɪe]

Estland (het)	Estonsko (s)	[ɛstonsko]
Finland (het)	Finsko (s)	[fɪnsko]
Frankrijk (het)	Francie (ž)	[frantsɪe]
Frans-Polynesië	Francouzská Polynésie (ž)	[frantsouska: polɪnɛ:zɪe]
Georgië (het)	Gruzie (ž)	[gruzɪe]
Ghana (het)	Ghana (ž)	[gana]

Griekenland (het)	Řecko (s)	[rʒɛtsko]
Groot-Brittannië (het)	Velká Británie (ž)	[vɛlka: brɪta:nɪe]
Haïti (het)	Haiti (s)	[haɪtɪ]
Hongarije (het)	Maďarsko (s)	[maďarsko]
Ierland (het)	Irsko (s)	[ɪrsko]
IJsland (het)	Island (m)	[ɪslant]

India (het)	Indie (ž)	[ɪndɪe]
Indonesië (het)	Indonésie (ž)	[ɪndonɛ:zɪe]

Irak (het)	**Irák** (m)	[ɪraːk]
Iran (het)	**Írán** (m)	[iːraːn]
Israël (het)	**Izrael** (m)	[ɪzraɛl]
Italië (het)	**Itálie** (ž)	[ɪtaːlɪe]

100. Landen. Deel 2

Jamaica (het)	**Jamajka** (ž)	[jamajka]
Japan (het)	**Japonsko** (s)	[japonsko]
Jordanië (het)	**Jordánsko** (s)	[jordaːnsko]
Kazakstan (het)	**Kazachstán** (m)	[kazaxstaːn]
Kenia (het)	**Keňa** (ž)	[kɛnʲa]
Kirgizië (het)	**Kyrgyzstán** (m)	[kɪrgɪstaːn]
Koeweit (het)	**Kuvajt** (m)	[kuvajt]

Kroatië (het)	**Chorvatsko** (s)	[xorvatsko]
Laos (het)	**Laos** (m)	[laos]
Letland (het)	**Lotyšsko** (s)	[lotɪʃsko]
Libanon (het)	**Libanon** (m)	[lɪbanon]
Libië (het)	**Libye** (ž)	[lɪbɪe]
Liechtenstein (het)	**Lichtenštejnsko** (s)	[lɪxtɛnʃtɛjnsko]
Litouwen (het)	**Litva** (ž)	[lɪtva]

Luxemburg (het)	**Lucembursko** (s)	[luʦɛmbursko]
Macedonië (het)	**Makedonie** (ž)	[makɛdonɪe]
Madagaskar (het)	**Madagaskar** (m)	[madagaskar]
Maleisië (het)	**Malajsie** (ž)	[malajzɪe]
Malta (het)	**Malta** (ž)	[malta]
Marokko (het)	**Maroko** (s)	[maroko]
Mexico (het)	**Mexiko** (s)	[mɛksɪko]

Moldavië (het)	**Moldavsko** (s)	[moldavsko]
Monaco (het)	**Monako** (s)	[monako]
Mongolië (het)	**Mongolsko** (s)	[mongolsko]
Montenegro (het)	**Černá Hora** (ž)	[ʧɛrna: hora]
Myanmar (het)	**Barma** (ž)	[barma]
Namibië (het)	**Namibie** (ž)	[namɪbɪe]
Nederland (het)	**Nizozemí** (s)	[nɪzozɛmiː]

Nepal (het)	**Nepál** (m)	[nɛpaːl]
Nieuw-Zeeland (het)	**Nový Zéland** (m)	[novi: zɛːlant]
Noord-Korea (het)	**Severní Korea** (ž)	[severni: korɛa]
Noorwegen (het)	**Norsko** (s)	[norsko]
Oekraïne (het)	**Ukrajina** (ž)	[ukrajɪna]
Oezbekistan (het)	**Uzbekistán** (m)	[uzbɛkɪstaːn]
Oostenrijk (het)	**Rakousko** (s)	[rakousko]

101. Landen. Deel 3

Pakistan (het)	**Pákistán** (m)	[paːkɪstaːn]
Palestijnse autonomie (de)	**Palestinská autonomie** (ž)	[palɛstɪnska: autonomɪe]
Panama (het)	**Panama** (ž)	[panama]

Paraguay (het)	**Paraguay** (ž)	[paragvaj]
Peru (het)	**Peru** (s)	[pɛru]
Polen (het)	**Polsko** (s)	[polsko]
Portugal (het)	**Portugalsko** (s)	[portugalsko]
Roemenië (het)	**Rumunsko** (s)	[rumunsko]
Rusland (het)	**Rusko** (s)	[rusko]
Saoedi-Arabië (het)	**Saúdská Arábie** (ž)	[sau:dska: ara:bɪe]
Schotland (het)	**Skotsko** (s)	[skotsko]
Senegal (het)	**Senegal** (m)	[sɛnɛgal]
Servië (het)	**Srbsko** (s)	[srpsko]
Slovenië (het)	**Slovinsko** (s)	[slovɪnsko]
Slowakije (het)	**Slovensko** (s)	[slovɛnsko]
Spanje (het)	**Španělsko** (s)	[ʃpanelsko]
Suriname (het)	**Surinam** (m)	[surɪnam]
Syrië (het)	**Sýrie** (ž)	[si:rɪe]
Tadzjikistan (het)	**Tádžikistán** (m)	[ta:dʒɪkɪsta:n]
Taiwan (het)	**Tchaj-wan** (m)	[tajvan]
Tanzania (het)	**Tanzanie** (ž)	[tanzanɪe]
Tasmanië (het)	**Tasmánie** (ž)	[tasma:nɪe]
Thailand (het)	**Thajsko** (s)	[tajsko]
Tsjechië (het)	**Česko** (s)	[tʃɛsko]
Tunesië (het)	**Tunisko** (s)	[tunɪsko]
Turkije (het)	**Turecko** (s)	[turɛtsko]
Turkmenistan (het)	**Turkmenistán** (m)	[turkmɛnɪsta:n]
Uruguay (het)	**Uruguay** (ž)	[urugvaj]
Vaticaanstad (de)	**Vatikán** (m)	[vatɪka:n]
Venezuela (het)	**Venezuela** (ž)	[vɛnɛzuɛla]
Verenigde Arabische Emiraten	**Spojené arabské emiráty** (m mn)	[spojɛnɛ: arapskɛ: ɛmɪra:tɪ]
Verenigde Staten van Amerika	**Spojené státy** (m mn) **americké**	[spojɛnɛ: sta:tɪ amɛrɪtskɛ:]
Vietnam (het)	**Vietnam** (m)	[vjɛtnam]
Wit-Rusland (het)	**Bělorusko** (s)	[belorusko]
Zanzibar (het)	**Zanzibar** (m)	[zanzɪbar]
Zuid-Afrika (het)	**Jihoafrická republika** (ž)	[jɪhoafrɪtska: rɛpublɪka]
Zuid-Korea (het)	**Jižní Korea** (ž)	[jɪʒni: korɛa]
Zweden (het)	**Švédsko** (s)	[ʃvɛ:tsko]
Zwitserland (het)	**Švýcarsko** (s)	[ʃvi:ʦarsko]

www.ingramcontent.com/pod-product-compliance
Lightning Source LLC
Chambersburg PA
CBHW070822050426
42452CB00011B/2146